翔安掌故

香山文化丛书

 厦门市翔安区文体广电出版旅游局 编

主编 洪水乾

谨以此书献给翔安建区10周年

鸣谢以下单位为丛书出版提供帮助及经费支持：
中共厦门市翔安区委宣传部
厦门市翔安区教育局

编委会

顾　问：陈永裕　陈飞铭　黄奋强　林进胜
策　划：曾东生　林奕田　朱丰收　邵文化
总主编：王才能
主　编：洪水乾
编　委：洪水乾　潘志坚　蔡清文　许文跃　王志鲲
　　　　蔡伟璇　张再勇　朱水涌　彭一万　林水波
　　　　蔡鹤影　洪树勋　颜立水　王泗水　蒋大营
　　　　蒋才培　蒋承志　朱振仲　洪文振　陈贵福
　　　　王祯祥　许兴盛　陈根绵　张神保　张天骄
　　　　邱建平　邱奕清　洪德强　洪神扶　陈金兴
　　　　陈炳南　叶诗珍　林志军　黄奕管　陈珍玲
　　　　版式设计：潘志坚

执行机构：　　　厦门市翔安区文化馆

总序

翔安山川毓秀、人文荟萃、历史悠久。

翔安前身为马巷厅，据《马巷厅志》记载，古马巷厅治广三十二里，袤五十里，辖翔风、民安、同禾三里共五十八保，辖区为今翔安的大嶝、新店、马巷、内厝、新圩及金门县等地。区名集翔风里、民安里古地名而得，寓意翱翔安康。

宋代理学宗师朱熹曾于翔安设堂讲学，翔安因"紫阳过化"而得誉"海滨邹鲁之乡，声名文物之邦"；邱葵、许獬等曾在香山隐居求学；理学名宦林希元、兵部侍郎洪朝选、文坛怪杰辜鸿铭、妇科名医林巧稚、交通部部长彭德清、中科院院士蔡启瑞、"七月诗派"代表鲁藜等翔安优秀儿女更是增光邑乘。因之，境内文化遗存无数，民俗活动丰富。

2003年，翔安新区成立伊始，文化部门就着手对区域内的民俗文化、民间艺术、文物古迹进行系统性的发掘、整理，香山文化丛书的编写也全面启动。编写人员采访民间传人，收集一手资料，取精华，去糟粕，汇文字资料一百多万字，集图片五千余幅,收集了大量翔实生动的素材。继而韦编三绝,披览典籍,求证方家,几易其稿,历时十年,终可付梓。

香山文化丛书第一辑收录《翔安印象》《翔安掌故》《翔安民俗》《翔安话本》《翔安文物》五册。《翔安印象》用一千余幅图片直观展示翔安的人文历史、自然景观。《翔安掌故》收录八十余则民间故事,详述闾阎情事。《翔安民俗》较完整地描绘翔安的民俗风情,举凡婚丧嫁娶,乡规民约,皆可洞见,信乎"鸟去鸟来山色里,人歌人哭水声中"。《翔安文物》一书是文物普查的结果,通览该书,翔安区内现存文物风貌了然于心。方言是地域文化最重要的载体,是文化多元性的重要特征,《翔安话本》一书厚重而平实,文读雅驯,俚读幽趣,一卷卧看,既可得扪虱之乐,亦可窥乡先贤退食而事教化之功。

厦门文化的根在翔安,香山文化丛书集民间传说,民俗文化,文物古迹,方言文化于一体,是翔安"正简流风,紫阳过化,文教昌明,海滨邹鲁"历史文明的见证。该丛书以丰富的内容、图文并茂的形式阐述丰厚的民俗文化,读者展卷,如阅翔安民俗风情和历史古迹的长卷。

丛书的出版是保护和传承民俗文化所需,是文化强区之举,是展示翔安风土人情之窗,也是联系海内外翔安人感情的桥梁和纽带。这些珍贵的文化遗产,更是供后人学习的乡土教材。

香山文化丛书的出版值翔安建区十周年,我们欣慰,翔安传统文化传承有序,我们期待,今后丛书内容更加丰富。

是为序!

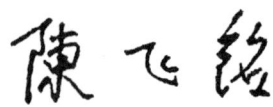

2013年8月于厦门翔安

(序者为厦门市翔安区人民政府区长)

序

　　《翔安掌故》就要问世了，我的任务是给这本书作序。我急忙索要这些犹抱琵琶半遮面的书稿，生怕因支离破碎的认识而鲁莽落笔。

　　接到这一摞沉甸甸的书稿时正值入秋，然而翔安创业的热潮似乎已经使东厦门的温度降不下来了。这些书稿散发着一种莫名的清新，我倚窗挑灯整整一夜，细读所有文字。书页合上的一瞬，我恍若在翔安的历史轨道上轮回了一趟，在翔安的文化辽野上驰骋了一番。这种蓦然发现的幸福，难以言喻。倘若将翔安文化比作一本书，以往我只是在书脊上徘徊，从未在书页上咀嚼。看完这书稿，我对翔安历史文化更加心驰神往。

　　欣喜于《翔安掌故》的出炉，就像欣喜于新生儿的落地。本书收录了"逸事撷英""小村故事""瑰丽传说""风物猎奇""乡音乡情"五辑，从历史典故、名人逸事、民间传说、百姓故事、人文景观传说等方面呈现"海滨邹鲁之乡，声名文物之邦"的悠远掌故，熔趣味性和知识性于一炉，合历史与文化为一体，不失民间艺术平易近人的特色，且注重历史传承的深刻考证。该书是《香山文化丛书》的扛鼎之作，翔安文史界的许多老同志为该书献出力作，还有的不厌其烦地为编辑同志讲述故事，提供详实材料。编委会的同志们更是不辞劳苦地奔走在田间地头、农家瓦舍，挖掘民间文化的精华。作者生于斯、长于斯、成于斯，故土文化熟烂于心，娓娓道来，令人赏心悦目，浓浓乡情贯穿始终，纵览全书，人、事、物、景跃然纸上，使人益发生出热爱故土之情谊。

本书收录80余则掌故，内容丰富，语言生动，文笔流畅，读来如沐春风，不失为一本优秀的乡土教材。

是为序！

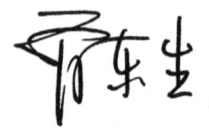

2013 年 8 月于厦门翔安

（序者为中共厦门市翔安区委常委、宣传部部长，文联主席）

XIANG AN ZHANG GU MU LU

逸事撷英

大儒林希元逸事	3
提督林君升逸事	10
提督李长庚逸事	15
"文坛怪杰"辜鸿铭逸事	18
"神童"许獬逸事	22
名宦蔡复一逸事	26
侍郎洪朝选逸事	30
"番济"逸事	35
邱钓矶院前溪捉海怪	40
"十虎会"逸事	43
黄文照与香樟树	44
过无坻,搭无船,就去找蔡云	47

小村故事

| 香山古寺田薯芋 | 51 |
| 双沪"牛头"地名的由来 | 53 |

五营山地名的由来 …………………………………… 54
"车鼓弄"的由来 ……………………………………… 56
"田府元帅"的由来 …………………………………… 57
陈厌钻羊肠 …………………………………………… 59
大嶝"打某"蛏 ………………………………………… 60
父子兄弟叔侄同登科 ………………………………… 62
隔海相望两沙美 ……………………………………… 64
后村吴祖郭祭 ………………………………………… 66
曾林曾弟子,无鸡杀老鼠 …………………………… 69
假秀才 ………………………………………………… 71
蒋会魁乘龙船山赴考 ………………………………… 75
南宋帝昺驻跸演绎翔安地名 ………………………… 76
金柄黄氏迁自泉州 …………………………………… 80
林百万与梳妆楼 ……………………………………… 82
妈祖宫口托铁锭 ……………………………………… 86
大嶝女的红头巾 ……………………………………… 89
误田园 ………………………………………………… 91
东园"孝高唐乳"的由来 ……………………………… 93
新圩窟·诗坂巷 ……………………………………… 95
供奉在桌案下的土地公 ……………………………… 97
霄垅忌演木偶戏 ……………………………………… 98
贡义买"肚财坝" ……………………………………… 100
金头遗梦 ……………………………………………… 102
兜面的由来 …………………………………………… 104
朱皮陈骨 ……………………………………………… 106

瑰丽传说

- 大枞松树庇荫人 …… 109
- 断龙窟 …… 112
- 雷公就在笆篮里 …… 114
- "公妈婆"竟是男的 …… 116
- 龟蛇把水口 …… 117
- 七保塘的由来 …… 119
- 烧灯猴风俗的由来 …… 121
- 香山传说 …… 123
- 张廷拱"画符镇南汕" …… 127

风物猎奇

- 鲨的传说 …… 133
- "皇封"海产品的传说 …… 137
- "同民安"坊 …… 140
- 澳头石狮巷 …… 142
- 黑脸池王爷 …… 144
- 乞丐身皇帝嘴 …… 145
- 神奇的鳄鱼屿 …… 147
- 姑井红砖塔 …… 149
- 鸿渐山的由来 …… 150
- 大嶝虎头寨 …… 152
- 闽南"大九架" …… 154
- 澳头蒋苏家庙相连 …… 155
- 坑园埔的金母鸡 …… 157

内厝出米岩 …………………………………… 159

牛心石的传说 ………………………………… 161

狗母山是风水宝地 …………………………… 164

小嶝前堡美人井 ……………………………… 165

漫话通济桥 …………………………………… 166

杨文广与乌营寨山 …………………………… 168

太监碑传闻 …………………………………… 171

香山猴石 ……………………………………… 174

母亲河的传说 ………………………………… 177

雷打石传奇 …………………………………… 180

五娘石 ………………………………………… 182

"奉旨迁界" …………………………………… 183

乡音乡情

曾林松柏——出名 …………………………… 187

歹钱瘦念的 …………………………………… 189

王爷讲白话 …………………………………… 190

汉人"养道人" ………………………………… 192

三人五目，过后无长短脚话 ………………… 193

呷饱未 ………………………………………… 194

惊甲入四川 …………………………………… 196

章鱼，弟子自己掘的 ………………………… 197

过时卖日历 …………………………………… 198

敢给人闹热 …………………………………… 200

吃冬起祖厝 …………………………………… 202

装憨吃狗屎 …………………………………… 204

乞丐成了 ………………………………… 205

破鼓救月 ………………………………… 206

恶甲若倭 ………………………………… 208

报伯卖茶,不爱闹热 …………………… 210

皮鞋标仔,存天良 ……………………… 212

猴该,自己讲自己和 …………………… 214

第二报的无草鞋礼 …………………… 216

有装有走拑 …………………………… 217

后许秀伯,烦恼不尽 …………………… 219

臭酸姆仔,假不爱 ……………………… 220

吞姆仔,"交代咧" ……………………… 222

有杯也要你,无杯也要你 ……………… 224

六月生疗皇帝命,七月生疗倒定定 …… 226

冬头笨篱扣水缸,冬尾袋仔掩脚仓 …… 227

举饭匙抵猫 …………………………… 229

后　　记 ……………………………… 230

逸事掇英

翔安

时间是流淌的河,故事是河面上漂游的落英。打捞岁月的痕迹,如同拾起那曾经绚丽的花朵,风情无限。

大儒林希元逸事

林希元,字茂贞,号次崖,明代同安县新店镇垵山人(今翔安区新店镇)。林希元于武宗正德十二年(1517年)中进士,后成为闽南理学名儒,官至南京大理寺丞。林希元的传说,在翔安民间流传了几百年。

摆蜈蚣阵镇风沙

大嶝田墘村是一个滨海的古渡口,海运业自古发达。明朝时,当地百姓生活贫苦,常年受到风沙的袭击,麻风病也困扰着当地的居民,因此,百姓寿命普遍很短,活上三十岁便算"乡里老大"了。嘉靖年间,林希元到田墘村探望母舅郑撞迟,哀叹舅家的人丁寿短,便到村外观察,发现海边"见白"——九溪的洪水如白蟒滚滚奔袭村庄(据传九龙子化为白蟒,形成九溪)。民间有蛇怕蜈蚣之说,林希元认为应种树摆蜈蚣阵镇蟒。为防风沙救民,林希元心急如焚,赶回任所,拿来烂心树(黄连木),沿海岸种上一里多长,形成防风林带,挡住西北大风及白浪对田墘村的袭击。林希元种下的树苗棵棵成活,迄今枝繁叶茂。当地群众感念林希元的恩情,都尽力保护这些"神树",尊林希元为"圣安公"。

吃木鸡腿引风波

林希元未当官前,曾在岳口当塾师。希元学识渊博,才富五车,但薪酬微薄,过着清苦的生活。由于怕人笑其寒酸,林希元削了一支木鸡腿,餐餐用它蘸酱油下饭,以示生活过得还不错。邻居和学生都不知底细,认为林先生三餐吃饭就鸡腿,没想到这引起了一场风波。

一天,艳阳高照,林希元将书箱搬到外边晒太阳,有只鸡跳进书箱吃书虫,踏住箱盖的挂绳,"咔嚓"一声,鸡被盖入箱里。下午,林希元让学生把书箱抬进书房。黄昏后,邻居找不到鸡,忽想起林希元天天吃鸡腿,疑心是他偷的,但出于对老师的尊重,没有证据不敢责备。可心里就是犯疑,后来干脆到观音庙占卜,口念林希元的名字,一连掷了九十九次胜筊(取两只竹筊掷地,一正面一反面为胜筊,表示应允),掷第一百次筊时,一只筊弹到宫庙互槽间,卡住了,不阴不阳的模棱难辨。鸡主人断定鸡是林希元偷的,于是叫来堂亲找林希元算账。林希元未做贼心不虚,就让他们搜查,结果在书箱里找出一只鸡。林希元有口难辩,正所谓跳进黄河也洗不清,就冲出书房,到观音庙指着观音说:"你呀,果真灵应,知道鸡在我书箱里,为什么不讲不是我偷的?我若有出头之日,一定找你算账!"林希元离开岳口,立志赴考。正德十二年(1517年),林希元上京赶考,果然中进士,官至南京大理寺丞。后来,林希元废了观音庙。

当纱帽救济众人

林希元是位清官,贬官后,回到故里,两袖清风。他的连襟彭某开了间当铺,用高利贷盘剥百姓,林希元非常瞧不起他,从不与他往来,时常想教训他一番。适逢家中无钱买米,林希元灵机一动,拿出一顶乌纱帽,叫妻子到彭某当铺当白银百两。彭某看见林夫人来当乌纱帽，哪里敢收，赶紧奉送白银百两，雇来鼓乐队，吹吹打打，亲自把乌纱帽送到林家，想借此讨好林希元，抬高自己的身价。谁知林希元大怒道："你捧着我的官帽招摇过市，不是存心要败坏我的声誉吗？如此行径，决不与你罢休！"说着就揪住彭某要上衙门见官。彭某吓得面无血色，赶快跪下求情，叫人回店取来白银千两，赔偿林希元的名誉损失。看热闹的百姓眼见彭某出尽洋相，大笑不已。希元对众人说："彭某为富不仁，应该受点惩罚。"林希元说完把钱尽数救助贫困的村民，众人拍手称快。

放钩钓"水鬼"

嘉靖十九年（1540年），林希元升任广东按察司佥事巡海兼管珠池兵备道。此时，安南（今越南、老挝、柬埔寨的合称）莫登庸篡主登基，屡犯我广东西峒，气焰嚣张，不可一世。林希元奉旨出兵征服，兵分四路，水陆并进，还受命到福建招募骁勇，由海道直捣莫登庸京都，切断莫登庸父子的联络，各个击破。

安南兵使用"水鬼"（闽南语，潜水员），携带斧头、凿子，潜入水中，凿沉我军舰船，一时我军受挫，损失重大。正当危急之际，林希元想起家乡的下后滨、刘五店渔民常用钩钓捕鱼，深受启发，下令每艘舰船都用大锭绳子围起来，锭绳下绑着无数个大钓钩，用棕绳绑紧，深浅不一。投入水中，组成密密麻麻的钓钩网。"水鬼"在水里，只要碰上一个鱼钩，就会被钩住，越挣扎钩得越紧。这样，安南的"水鬼"来一个钩一个，来两个钩一双。我军顺利进港，把莫登庸包围得水泄不通,迫使莫登庸开城投降。林希元智勇双全,保护边境人民免受灾祸之苦。

锄山辞教留诗词

相传林希元未出仕之前,曾在翔安内厝镇锄山当私塾先生。东家是当地有名的大员外,整天纸醉金迷,挥金如土。员外十分崇拜菩萨,不时聘请高僧到家里念经礼佛,祈求富贵,增添福寿。可是他的几个儿子都是蠢材,只懂吃喝玩乐,学业一无所成。林希元多次向东家提出意见,要求东家配合,督促孩子成才,但员外置之不理。受到冷遇,林希元一气之下铺纸援笔,写了一首辞教诗:

　　一夜弥陀得半千,终年子曰徒枉然。

　　释迦佛经堪为宝,夫子文章不值钱。

　　曾见读书朝北阙,未闻礼佛上西天。

　　而今收拾回家去,管尔儿孙贤不贤。

写毕,林希元把纸压在桌上,连夜收拾行囊,辞职回家去了。

生的放一边,养的功劳比天大

相传有一天,林家和蔡家都为儿子操办婚事。同一天到马巷买新床,都在马巷后滨村大榕树下的茶棚歇息。一个拾猪粪的老大爷好奇地看看两张新床,一张很精美,一张很简朴,就用耙子敲敲这床,敲敲那床,唱道:"好看的眠床公,悃空空,歹看的眠床母,悃洘洘。"①好看的床是蔡姓有钱人买的,听到拾猪粪的大爷这么唱,感到很不吉利,于是就

---

① 悃:睡的意思。洘洘:拥挤的意思。

扔下好看的床,扛走较差的床。林姓人家走时发现床被扛走了,只有一张漂亮的好床,也乐得把好床扛回家。

事有凑巧,林家妻子多年不育,蔡家小子却一个接一个地蹦出来。蔡家得知林家不育的消息,以为应了那首儿歌,觉得过意不去,托人传话要送个儿子给林家。那时的老百姓都很迷信,凡事都要求神。林家到庙里求菩萨圆梦,梦见"金龙抱柱",觉得是个好梦,于是择良辰吉日,兴冲冲到蔡家抱小子。蔡家倒也真心实意,把儿子都叫了过来,让林家选一个。只见蔡家的小子个个虎墩墩的,健壮活泼,只有最小的一个怯生生的躲在厅堂的柱子后面,抱着柱子,探着半个脑袋看家里的来客。林家照着"金龙抱柱"的梦意,选中了蔡家最小的儿子——后来的理学名宦林希元。

后来,林希元中了进士,一路发达,官至南京大理寺丞,衣锦还乡,林蔡两家争相迎接。早有听差报知林希元这事,林希元故意拖延了一个时辰才启程。回到家乡,蔡家抢先接到后问:"怎么回来迟了?"林希元说:"路上遇到一起民事纠纷案给缠住了。"蔡家问是什么案子,林希元很认真地说道:"是个纠纷案。有户人家育了一畦包心菜苗,删种时把弱小的苗删掉扔了,另一户人家捡了去栽种,种出上好的包心菜。这时,育苗的人说菜苗是他的,没有苗哪有菜,那包心菜得归他。种菜人不肯,两人就争吵了起来。"蔡家问:"你把菜判给谁了?"林希元说:"判给了种菜的人。"蔡家听出弦外之音,就让林家高高兴兴地把林希元迎回家去了。

女婿是"灶脚人客"

据说,林希元的夫人是新店后村人。娘家是富门,林希元还是个穷教书先生的时候,岳父很瞧不起他。

有一年,岳父过生日,林希元夫妇前往祝寿。因家境贫寒,林希元出门连双鞋子都没有,为了不失岳父家的体面,只好向邻居借了双鞋子,又借了两块通宝作为贺礼。路途遥远,林希元怕磨损了借来的鞋子,就提着鞋,赤脚上路。来到临村的一处水坝边,他让夫人前头先走,自己停下来洗脚穿鞋。不巧一弯腰,兜袋里祝寿用的两块通宝掉进水里,夹在坝底的石缝中,林希元急得乱了手脚,捞了半天也没能捞上来,眼看天色已黑,只好空着手进岳父的家门。

岳父见林希元摸黑才来,又空着两手,顿时拉下脸来。林希元忙解释道:"小婿刚才到石坝上洗手,不小心把祝寿的两块通宝掉到水里了,一直捞不上来,才来晚了,请岳父见谅。"小舅子在一旁便恶声恶气地说:"拿不出手偏说丢了,谁没见过两块通宝。"寿筵开始了,没有林希元的席位。还是丈母娘疼爱女婿,把林希元领到伙房独自用膳。

林夫人知道父亲嫌弃林希元这个穷女婿,怕席间冷落他,就四处查看,果然不见林希元入席,只见他在伙房里,坐在水桶和水缸盖架起的"餐桌"旁单独用膳。林夫人气炸了,操起一把菜刀,跑到大门外,对着杉木门槛狠命砍了三刀,指天发誓:"要我再回娘家,除非这三道口子平了。"说完,拉着林希元愤然离去。

后来,林希元出仕,衣锦还乡,岳父家派人来请林希元同夫人回娘家做客。林夫人气愤地对来人说:"请回去问问那门槛上的三道口子平了没有!"于是,有人为岳父家出了个主意:用刨子把那三道口子刨平了,再用竹板钉上,就算三道口子平了。岳父家再次派人来,把林希元和夫人迎了回去。

　　林希元此番作女婿，光景自然不同，大厅上堂堂正正摆着八仙桌，山珍海味，酒肉菜肴，众人唯唯诺诺，把林希元奉若神明。希元故意问："我的席位该是在伙房吧？"众人慌得再三请罪。林希元又说："我穷得叮当响的时候，祝寿的两块通宝掉到石坝里，怎么说也没人信。现在请你们到坝上，把水戽干了，把那通宝给我找出来。"众人忙扛上水车，提着戽斗，把石坝的水戽干了，果然在坝底的石缝里找到两块通宝。他们把通宝捧到林希元面前，林希元很是感慨地说："你们敬奉的不是我林希元，而是我的官职啊！"众人慌得再三请罪。还是大管家能言善辩，他解围地说："女婿是半子，是最受岳母疼爱的人，在灶脚独饮是打算以最好的菜肴来款待你，再说说知心话，让你无拘无束吃个痛快。"此后，"女婿是灶脚人客"①竟成为岳母疼爱女婿的俗语，与原意相反了。

---

① 灶脚（zào kā）：厨房的意思。人客：客人的意思。

提督林君升逸事

走进马巷井头村,在杂草和菜地的掩映下,一座坟墓显得十分显眼,墓前高大庄严的石构墓道坊赫然刻着"钦赐祭奠"几个大字,高耸的石望柱昭示着墓主不凡的身世。右前方的石碑亭内,刻着满汉两种文字的石碑历述墓主一生的功绩,碑文竟然是乾隆皇帝亲自撰写的。

墓主叫林君升,字圣跻,号敬亭,翔安马巷井头村人。行伍出身,官至江南提督,卒后谥温僖,诰赠三代。林君升壮年投军,清康熙六十年(1721年),他奉命押饷到台湾并勘察台湾地形,深得上司赞赏。雍正四年(1726年),林君升晋升为定海总兵。此后,他先后担任碣石总兵、金门总兵、广东提督、福建水师提督,乾隆十七年(1752年),林君升升任江南提督,总辖五省军务,权倾一时。林君升文武双全,有《自遣偶草》、《舟师绳墨》、《救荒备览》等书传世,誉满天下,以至于他死后,乾隆皇帝亲自为他书写碑文。

林君升的一生,传闻颇多,下面谨录一二。

乾佬白虎仙

林君升乳名林乾佬,青年落魄时,曾流浪至大帽山后炉大寮灵宫住宿,在那里挖地瓜秧度生。那年夏季,正当花生收获季节,当地郑员外为防小偷,和几个家丁漏夜下地"巡山"。他们借着月光走到灵宫附近地里,突然闯出一只大白虎,老虎见有声动,马上回头逃跑。郑员外凭着人多胆壮,就尾随老虎,一直追到灵宫,哪有老虎踪影?只见林乾佬在宫里呼呼酣睡。郑员外顿时大悟,认为白虎是乾佬的化身,日后乾佬一定是虎将,就有意将自己的女儿郑梅许配给他,第二天马上差遣媒人说合。林乾佬喜迎高攀,哪有不答应之理,马上成亲。大家都称赞这是太子爷(灵宫奉祀哪吒太子爷)当月老牵的红线。郑员外还资助林乾佬资金,让他卖盐(井头属沿海,盛产海盐)谋生。

误会贤妻誓从戎

　　婚后,林君升夫妇相敬如宾,郑小姐虽然身为富家千金,但贤淑侍夫,娘家也经常接济粮食及衣着。林君升长得五大三粗,饭量很大,郑小姐就把娘家接济的粮食都煮给林君升吃,推说自己已先吃饱了,等林君升外出卖私盐后,再煮野菜充饥。时间一长,邻居看到她每次都等林君升外出才生火煮食,误以为她煮什么好吃的自己享受。久而久之,流言传到林君升的耳里,起初林君升不信,认为邻居有意挑拨他们的夫妻关系。终究是人言可畏,有一天,林君升假装外出,然后躲在房里,等妻子生火,突然闯入厨房掀开锅盖,发现煮的竟是一锅野菜,真相大白,林君升不禁潸然泪下而又羞愧万分,自恨七尺男人竟让自己的妻子过着这样辛苦的日子。因此决定当兵,求取前途,以答谢妻子的关怀照顾。此后,林君升把妻子暂寄在岳父家,自己参军去了。

旗手拾鞋竟得官

　　听说林君升要当兵,邻居亲戚都来看望,姑母还特地缝制了一双布鞋送给林君升。林君升把姑母赠送的布鞋视为珍宝,一路上舍不得穿,把布鞋别在腰间,赤着脚赶路。

林君升虽然长得五大三粗,但人很精干,一到兵营,就被挑选为旗手。第一次打仗,他赤着脚扛着大旗冲在最前面,由于敌众我寡,战士们纷纷败退,他也只好跟着指挥官退下来。跑了一段路,突然发现腰间的布鞋少了一只。他感到十分惋惜,顾不得什么,扛着大旗拼命地往敌营里冲,想找回那只布鞋。敌方哪见过这等阵势——这下子阵脚全乱了,以为是我方救兵已到,慌忙撤退。我方士兵见林君升扛旗直往敌营冲锋,敌兵又没命地逃跑,于是个个奋勇直追,结果打了个大胜仗,反败为胜。

林君升被评上第一功,擢升为官。之后,由于他机智勇敢,身先士卒,冲锋陷阵,屡败敌兵,由偏裨、游击、总兵一直升到提督。当官后他曾回后炉接夫人,享尽荣华富贵。林君升出资重修大寮灵宫,重塑太子爷金身,带太子爷的香火到任所奉祀,调任台湾总兵又带太子爷的香火到台湾,因此台湾部分太子爷宫的祖地就在灵宫。

位居高官不忘友

林君升有一门远房亲戚在大帽山后炉村,他经常到那里串亲,结识了村上的郑阿三和郑阿四。三个人都是单身汉,无牵无挂,短吃缺穿,但感情甚笃。有一次,三人饿得实在受不了了,只好到地里偷黄豆,然后在灵宫里用陶钵生火煮豆。没想到柴火太旺,一下子就把陶钵烧裂了,豆汤漏光了,三人只好吃着半生不熟的黄豆充饥。当官后,林君升回后炉省亲,想起当年的难兄难弟,令人请他们前来会见。老朋友久别重逢,倍感亲切友好,林君升亲手给两人递上香喷喷的甘露茶。他们还一起回忆当年"偷袭黄豆地,攻破陶州城,汤将军潜逃,豆元帅被捉"的趣事,哈哈大笑。事后,林君升送给他们不少黄金,让他们成家立业。林君升不忘旧时好友的事迹被群众传为美谈。

砛石到底弯不弯

有美好的回忆,也有辛酸的往事。

林君升父亲早逝,与母亲相依为命,生活贫困,受人歧视。小时候他经常到祠堂里玩耍,玩倦了躺在大砛石上睡懒觉①。有一天,刚好被族长看到,族长狠狠地教训他:"乾佬仔,你不去劳动,整天睡懒觉,成何体统!"林君升低下头无言可答,只是瞪了族长一眼。"你再瞪眼,我就挖你的眼珠,整天躺在砛石上,砛石都让你给压弯了",族长怒吼着,林君升咽不下气,顶了族长一句:"砛石弯在哪里?"族长容不得小乾佬顶嘴,"啪!啪!"给林君升两记耳光,把他赶出了祠堂。林君升满心委屈却无能为力,只好悄悄地溜走了。

担任江南提督后,林君升荣归故里,祭拜父母灵位,到祠堂祭祖,以表孝心。族人款待备至,极尽阿谀奉承之能事,但林君升触景生情,令人堵住祠堂的涵道,让人灌水,一直灌到水溢砛石,才令人叫来老族长,寒暄之后,林君升问道:"宗叔,砛石是否弯了?"这时族长面红耳赤,伏地跪拜,

---

① 砛:音"gim",花岗岩石材,一般铺砌在后落的子孙巷与深井的交接处。

连说:"未弯,未弯。"林君升严肃地说:"当时我家贫,你说砂石给我压弯,现在我受皇上恩典,衣锦还乡,你又说不弯,做人不能鄙视穷人,奉迎贵人。"一席话,说得族长哑口无言,连说:"是!是!"

提督李长庚逸事

李长庚(1750—1807年),讳致萃,字西岩,又字超人,翔风里十二都后莲保后滨村人(今翔安区马巷镇),清乾隆三十六年(1771年)武进士,累官至浙江水师提督。嘉庆十二年(1807年)在粤海黑水洋海战中阵亡,谥号"忠毅",诏封三等壮烈伯,钦赐祭葬,墓葬舫阳村坪边社。

拴牛不必动锄头

长庚的祖父是当地有名的武师,他从小就随祖父练习武功,平时和伙伴们上山放牛。戏闹时,伙伴都不是他的对手,经常被他摔倒在地或骑在背上。平时放牛,人们会把一尺多长的扁铁钉入地里,然后把牛绳拴在上面。一般人要用锄头或石块才能把扁铁钉入地里,长庚不用任何工具,只要用力一压就行了。有一次,一头小牛掉下水池,拉不上来。长庚听到伙伴的呼救声立刻跑过去,毫不犹豫地跳下水池,用力把小牛托上岸。长庚不但力气大,而且水性好,从小善于游水,蛙泳、仰泳、潜泳样样都会。自小练就的游水本领,为他以后率领水师征服海洋打下了扎实的基础。

礼让和尚先过桥

长庚的父亲开了家线面作坊,长庚经常挑线面到泉州去卖,百来斤重的线面挑起来还健步如飞,日走一百多里从无倦色。有一次，长庚路过安海安平桥（五里桥），行至中亭，桥板断塌，仅剩一条，桥面狭窄，仅单人可通过。长庚挑着担子来到中间，迎面走来一个和尚。长庚急忙闪到一边，用两脚的拇趾踩着桥板的边缘，两手托起担子，礼让胖和尚过桥。此和尚也是有功夫的人，一眼就看出这青年武功不错，又受其礼让，就打拱作揖，询问长庚的地址，表示愿意和长庚交朋友。长庚售完线面回到家里，发现胖和尚比他早些时候到家。长庚把和尚奉为上宾，殷勤款待，了解到胖和尚是位得道师傅，就拜他为师。在和尚的指点下，长庚的武功大有长进。

泉州打擂争口气

长庚经常往泉州贩卖线面，有一次，忽闻东洋武士在泉州大摆擂台，名为"无敌台"，耀武扬威，不可一世，声称要"拳打福建泉州，脚踏苏杭两州"。南方许多壮士都咽不下这口气，纷纷上台较量，但都不能取胜。长庚义愤填膺，决心会一会东洋武士。那天，东洋武士又在台上逞威，长庚奋勇跃上擂台，一招一式应付自如，但由于年轻，见世面少，缺乏格斗经验，败下台来。长庚回到家里双眉紧锁，吃不下饭，祖父询问原因，长庚就把东洋武士欺侮中国人，自己上擂台应招的过程说了一遍。祖父鼓励长庚不气馁，指导他应招。经祖父的指点，长庚成竹在胸，决心为泉州人雪耻。第二天，长庚又赴泉州，跃上擂台，二话不说就和东洋武士打起来。东洋武士虽使出浑身解数，却被长庚一一解破，最后，长庚依祖父密授的招数把东洋武士踢下擂台，围观的群众雀跃欢呼，拍手称快。

倾资募勇剿海盗

乾隆四十四年(1779年),长庚调任福建海坛镇总兵,到任以后忙于布防设施,想不到邻海民船屡屡被盗。他们以为是海坛之盗所为,都怨长庚缉盗不力,长庚因此被参革职回家。长庚蒙受冤屈,但却不埋怨朝廷及告发他的官员,他深知只有弄清真相才能大白于世。于是在家乡招募乡勇,精心训练,准备剿灭匪徒。经过严格训练的乡勇,个个生龙活虎、骁勇善战,在追捕贼盗中发挥了作用,多次捕到匪徒和匪首,长庚也因功被朝廷起用为"游击",不久迁铜山参将,他的军旅生活从此开始了新的一页。

火攻智取鹿耳门

嘉庆十年(1805年)十一月,蔡牵率一百多只船在台湾淡水登陆,进占沪尾,自称"镇海王"。清廷令长庚率军进击。嘉庆十一年(1806年)正月,长庚军抵鹿耳门,被蔡牵阻于海上,将士们一筹莫展。长庚仔细观察海湾地势及蔡牵的布防,吩咐备酒和将士们小酌,席间和邱良功耳语一番,由良功去作袭击的准备,鼓励将士不要泄气,随时做好作战准备。原来长庚发现蔡牵的一百多艘大船均集中抛锚于大港口,他决定仿效诸葛亮火烧赤壁,命令良功准备引火材料,派数名水手绕道摸黑偷袭。那天夜晚,刮东北风,良功指挥七名水兵驾着小船神不知鬼不觉地绕道洲仔尾,直插蔡牵船队。至相距约三十多米处,一声令下,点起火来,"噼噼啪啪"直扑蔡牵的船只。蔡牵未防官兵火攻,一时大乱,有的被活活烧死,有的跳海溺死,幸存者被烧得焦头烂额,只好撤往北汕困守。长庚随即占领洲仔尾,获得全胜。

"文坛怪杰"辜鸿铭逸事

清朝末年,祖籍翔安浦尾村的辜鸿铭成为举世闻名的大文豪,人称"文坛怪杰"。《清史稿》载:"辜鸿铭,名汤生,字鸿铭,福建同安人。年三十始返而求中国学术,穷四书五经之奥,述春秋大义及礼制诸书。"这位出生于马来西亚槟榔屿的华人后裔,从曾祖之辈起,就背井离乡,出洋谋生。人称"番仔子"的辜鸿铭,十七岁就获得英国爱丁堡大学硕士学位,成为我国完成全部英式教育之第一人。辜鸿铭通晓汉、英、德、法、马来、希腊和拉丁等多种语言,在新加坡海峡殖民政府任职。后辞职回槟榔屿,潜心研究中国古籍。博大精深的中国文化使得辜鸿铭对祖国产生强烈的向往之情,他于光绪十一年(1885年)遵照父亲"回到东方来,做个中国人"的遗嘱返国。他对中华传统文化的热爱甚至到了顽固守旧的地步,辛亥革命后,他极力复古。他好辩论,以善骂世著名,有留长辫、蓄指甲的习气,主张一夫多妻,欣赏小脚女人,鼓吹皇制,参与复辟丑剧,毁誉参半。辜鸿铭的逸事甚多,颇有趣味。

先祖逃洋改姓氏

辜鸿铭的先祖陈敦源,系清朝乾隆时人,属翔安浦尾十二世"敦"字辈,全家居于浦尾的尾厝小角落,其先世乃书香门第、小康之家,甚得邻里敬慕。不想传至敦源一代,因性情急躁又嗜酒成性,致使家道中落。终因酒后与人(村边乞丐营里的一名乞丐)争执,失手伤了人命。夜里酒醒心惊,害怕官府缉拿,即携带家眷,摇着自家的小渔船外逃,不知所终。这个两百年前的逸闻至今广为流传。直到抗战前,陈敦源后裔不断以先祖陈敦源之名号写信回翔安浦尾寻找这个古村社,认宗谒祖,村人方知其去向。原来当年陈敦源南逃海外,直奔马来西亚吉打,登陆落户,斩荆披棘、开辟蛮荒,成为当地的华人先驱、富侨。话说回来,事过境迁,陈敦源背井离乡,痛定思痛,负疚后悔不已,难以释怀,遂改"陈"为"辜"以示忏悔之情,从此子孙皆为辜姓。由此陈氏搭宗联亲,村民陆续南渡开基繁衍。翔安浦尾社老人协会查阅族谱,访问故老,收集资料、逸闻,终于证实中国近代文化奇人辜鸿铭本姓陈,是清代因命案举家南逃的翔安浦尾村十二世祖陈敦源(南逃时改姓)之五代孙,属浦尾十六世"叔"字辈。

学位一打称"国宝"

辜鸿铭称自己为东西南北之人:生在南洋,学在西洋,婚在东洋,仕在北洋。他生于马来西亚槟榔屿,父亲是当地的华侨,母亲是西方人。辜鸿铭十岁左右随布朗夫妇到英国,先后在英、德读书,还到过法、意、奥等国。辜鸿铭肚子里装了不少西方的墨水,尤其通晓多种语言,更能用英文写文章,文采之盛,连英国人也赞叹不已。求学生涯中,辜鸿铭获得十几个学位,其中一个是宣统皇帝赐封的文科进士,并因此名入《清史稿》。许多到过中国的外国人,不约而同地说:"到北京可以不看三殿,不可不看辜鸿铭。"辜鸿铭二十岁那年回国,巧遇著有《马氏文通》的马建忠,得闻东方文化之博大精深,于是决心改读中国古籍。他的心很快就安静下来了,形貌也跟着变化,蓄发梳辫,戴红顶瓜皮小帽,穿绸长袍、缎马褂、双梁鞋。张口子曰诗云,间或也用流利的英语对话。辜鸿铭有喜好争辩和骂不离口的"怪癖",因此遭受非议。但他颇受张之洞的器重,先在两广总督署,后在湖广总督署,担任幕僚。清末到外务部任职,由员外郎升任郎中,再升左丞。清朝退位后,政体改为共和,北京大学校长蔡元培聘请他任教英国文学和拉丁文,对辜鸿铭来说,这简直是宰鸡用牛刀,怀才不遇的心情难以言喻。

避流俗求古求奇

罗家伦在北大听过辜鸿铭讲英国诗的课,写了《回忆辜鸿铭先生》一文,说,"在黑板上写中国字","常常会缺一笔多一笔",古怪丑陋。辜鸿铭写文章,不论洋文、中文,都刻意回避流俗,求古求奇。由此可见,高鼻子蓝眼睛之士愿出高价搜罗辜氏著作也就不足为奇了。

辜氏作古后不久,英语造诣很深的温源宁用英文写了评价辜氏的文章《辜鸿铭先生》,文中说:"他只是一个天生的叛逆人物罢了。他留着辫子,有意卖弄。"这一针见血地指出了辜鸿铭的性格特征——脾气固执,喜欢标新立异。大家接受的,他就反对;大家崇拜的,他就蔑视。辜鸿铭所以得意洋洋,就是因为与众不同。在时兴剪辫子的时候,辜鸿铭会首先抵制。他的君主主义就是这样产生的。辜鸿铭很会说俏皮话,不过,他的俏皮离不开是非颠倒。所谓是非颠倒,就是那种看法跟一般的看法相反,可以把人吓一跳。

一个鼓吹君主主义的造反派,一个以孔教为哲学的浪漫派,一个夸耀自己的奴隶旗帜(辫子)的独裁者,就是这种自相矛盾,使辜鸿铭成了现代中国最有趣的人物之一。

"神童"许獬逸事

一语惊人

明朝时,同安浯洲(现金门县)有一个叫许獬(原名叫行周)的读书人,据说,他四岁时做了个梦,梦见自己中了解元(头名举人),所以改名叫獬。

许獬自小聪慧,六七岁时,就遍读经史,九岁便能写一手好文章,而且妙语连珠。有一次,家里来了客人,和父亲谈论《左传》,提起春秋时代的"夹谷之会"。谈到齐景公阴谋杀害鲁定公和鲁相孔丘的情景时,大家都连叫危险。许獬在一旁笑道:"你们真是杞人忧天,人家孔夫子早已派猛将乐须和申句须为左右司马,率兵车五百乘跟随保护了,齐景公想杀害孔夫子不是自讨苦吃吗?"客人听得目瞪口呆,对小许獬的博闻强记赞叹不已。

十三岁时,许獬就已名震文坛,秀才和举人都争相抄录他写的文章。当时,泉州文坛领袖郑耀称赞他是天下奇才。许獬从小就很有志气,有独到的见解,他常说:"取天下第一等名位,不如干天下第一等事业,更不如做天下第一等人品。"许獬十七岁时就考中二甲第一名进士。

信手成对

许獬小时候就善于吟诗作对。

有一天，私塾先生要试试许狮的才智，带他外出游玩。师徒俩来到一家打铁铺，先生出了个对子："铁锤本属铁，铁砧也属铁，打铁铁敲铁。"许狮指着旁边一摊卖鲎肉的应口答对："鲎肉原是鲎，鲎靴（用鲎壳作的勺子）亦是鲎，煮鲎鲎舀鲎。"先生高兴地说："对得好，对得好。"

他们走到一棵枯树旁，先生用一个拆字对想难一难许狮。先生说："山石岩下古木枯，此木成柴。"许狮眉头一皱，四下里一瞧，看到涧边有一群女子在洗衣，灵机一动，顺口答出："白水泉边女子好，少女为妙。"先生不觉拍手称妙。

他们又来到一棵梧桐树下。有一群小孩正在打梧桐子，争相捡梧桐子玩。先生即景出了个方言谐音对子："童子打桐子，桐子落，童子乐。"许狮不假思索地应道："许懈过苦海，苦海尽，许狮进。"（闽南语"许狮"与"苦海"谐音）先生哈哈大笑，摸着许狮的头说道："难得难得，你小小年纪就这等才思敏捷，志气不凡，将来必定前途无量。"

自圆仙梦

许狮自幼勤读诗书，聪颖过人，且性情开朗，好玩笑。有一次，在赴考路上，同伴约他去仙公宫"圆仙梦"，求仙公托梦断凶吉。许狮走累了，就跟同伴在仙公宫睡了一夜。天一亮，同伴问他可梦见了什么。许狮眼珠一转，乐呵呵地说："我梦见仙公对我说：'许狮，许狮，一支中营（中指头）插进你嘴内。'说完'啪'的一声打我一巴掌。"同伴着急地说："坏了，你没诚心，得罪了仙公，此科必定无望。"许狮说："枉你是个秀才，连这么浅显的梦也不会解，嘴便是口字，口插进一竖便是中字，"啪"的一下岂不给"中"字再标上了去声?"同伴拍手笑道："这么说,你此科必中了。"许獬说："中不中,不尽知(不一定知道),状元未必知,会元在我腰包内。仙公猜,走到才会知。"此科赴考,许獬果然得中会元,后入翰林当编修。许獬所言"仙公猜,走到才会知"竟成为民间俚语。

帮师结缘

　　许獬是个才子,还有个关于他帮师结缘的佳话。

　　李姓富贵人家养个千金小姐,漂亮得像天上的月亮。这年传出李小姐要挑夫婿的消息,这忙坏了那些公子哥儿。可李小姐挑夫婿只求才不求财。她在绣楼上挂出个对子,凡是上门求亲的人,谁能完整对上对子,她就嫁给他。李小姐出的对子太难对了,慕名前来应对的公子哥儿一个个乘兴而来扫兴而回。

　　许獬的老师张先生为人老实忠厚安分守己,快三十岁的人了,媒人婆也没踩过他家的门槛。张先生听说李小姐出的对子太难了,本想去应对,可是一想到家境贫寒,自己常年当教书匠,一身酸气,真不好意思去出丑,心里直打退堂鼓。但俗话说得好"万事要个知",想到这一点,张先生鼓起勇气来到李小姐的绣楼前。

　　李小姐高坐绣楼,透过卷帘一瞧,发现站在楼下的竟是一个未老先衰的小老头,心里早有几分不悦,便脱口出了一联挖苦张先生的对子："白头毛,白嘴须,咳呸！今生难定。"

　　张先生见李小姐出此对子挖苦他,既羞又恨,本想"以牙还牙",可是想到读书人的礼教"君子不记小人过",只好打掉门牙往肚吞,回身便走。张先生一路细想,李小姐这个对子，可能是触景随意而作。可这对子实在也不好对，两字吐口水的象声词"咳呸"更是难对。张先生不知不觉回到家中，来到书房，皱着眉头边走边做"咳呸"的动作。恰好许獬撞进书房问书，看见先生在书房里踱步，面有难色，便向先生问明缘由。张先生本来不打算把受辱之事告诉学生，但想许獬素有"神童"美誉，或许他能对上，便把经过告诉许獬。许獬听后，眨了眨眼，便对先生说："这有何难，小姐用'咳呸'鄙弃你，你何不肚大撑船，用忍耐吞咽时的'呃哼'两字对她，看她有何话说？"于是，许獬便出口对了下联："红新娘，红罗帐，呃哼！前世姻缘。"

张先生自己苦思不出，见许獬对答如流，对得工巧，十分高兴，便把这个对子抄呈给李小姐。李小姐一看，觉得对子答得十分得体，又打听得张先生是诚实可靠的读书人，便恪守诺言，和张先生缔结了百年之好。这真是：

李小姐出联替自己择婿，许行周答对为先生结缘。

名宦蔡复一逸事

蔡复一，字敬夫，号元履，明朝万历五年（1577年）生于金门蔡厝村。他自幼聪颖过人，7岁就能过目成诵，18岁中举人，19岁考进士。累官刑部主事外郎，历湖广参政、山西左布政、右副都御史。贵州造反，他为兵部侍郎，总督贵州、云南、湖广兼巡抚贵州；他正气凛然，顽强抗敌，不顾疾病缠身，以"一息尚存，岂可贻君父忧"为念，自领军作战，两战连破189寨，毙叛军3000余人，不幸在军旅中染病去世，年仅48岁。朝廷赠其为兵部尚书，谥号清复，遗体赐葬于翔安区内厝镇小盈岭大房山。

娶妻无天无地

蔡复一先天破相，一生下来就是单眼和跛脚的人。在学堂念书时，学生都取笑他，给他取了不少外号。同学见到他就喊"打鸟的"，蔡复一也不在意，反而回答："我一目观天象。"有的看到他走路一瘸一拐，就叫他"划船的"，他即刻回答："我一足登龙门！"

年纪稍大，蔡复一随父亲蔡用明从金门搬到同安城北门内居住。县城来了金门才子，一人传十，十人传百，住在驿路的官绅李璋也知道了这件事。李璋有个女儿，长得十分标致，人唤李小姐。常言道：自古佳人配才子，有人便为蔡、李两家牵线作媒。李小姐的父亲听了，气得把大厅的尺六砖都跺碎了。他认为，"窈窕女"嫁给"跛脚郎"，那真是"好花插在牛粪上"，不仅一口拒绝，还当着媒人的面说："回去告诉蔡家的人，如果我女儿嫁给他这号人，那才是无天无地哩！"

李小姐与父亲不同，她是重才不重貌，相信人不可貌相，海水不可斗量。当她得知蔡复一才高八斗，学富五车时，不仅不移此情，还暗中送话给蔡复一，勉励他上进求取功名。万历二十三年（1595年），十九岁的蔡复一得中二甲第七名进士，第二年奉旨完婚。虽然李小姐芳龄十四，李璋也不敢违抗圣命，欣然答应送女出阁。迎娶李小姐时，蔡复一派人从李府梳妆楼到北镇宫蔡厝门口沿街用青布遮天，毡毯铺地，李小姐就这样上不见天，下不见地进入夫家。新婚之夜，新娘子问夫婿这般迎娶有何用意。蔡复一笑着回答："这叫做'无天无地'！"李小姐记起前情，粉红的脸颊不觉泛起了几分愧色。

"薄饼"的由来

蔡复一在朝为官，才华誉满京城。可朝廷里奸臣嫉贤妒能，千方百计要陷害他。奸臣们听说蔡复一写得一手好字，还能双手同时写字，运笔如神，就设下陷阱，在皇帝面前推举蔡复一整理抄写朝廷历年的文书。这些文书多达九大箱，蔡复一要在四十九天内完成，否则，以违抗圣旨论处。

为了完成圣命，蔡复一废寝忘食，日夜书写，一日三餐都难得歇手吃饭。蔡夫人看在眼里，急在心头，总在琢磨着助夫一臂之力。有一天，她终于想出一个妙法：把面粉搅成糊状，在锅上轻轻一抹，煎成薄薄的面皮，再把干饭作成香甜可口的咸油饭,把各种菜切细,配上佐料,炒成菜烩,然后用薄面皮把饭菜包卷成圆筒状。用餐的时候,就双手捧着"薄饼",送到丈夫的嘴边,让他就餐。这样既不耽误写字,也不耽误吃饭,丈夫又吃得香甜可口,开胃增食。在蔡夫人的精心照料和协助下,蔡复一终于如期完成了艰巨的任务。

蔡夫人做"薄饼"的故事传为美谈,民间广为效仿。至今,每当逢年过节,同安翔安人都有吃"薄饼"的习俗。

梅花印避祸

蔡夫人既贤惠,又聪明细心。她想,朝廷让丈夫在四十九天内抄写整理九大箱文书,这是常人根本无法完成的苦差,事情很蹊跷。为防万一,她悄悄地用自己从娘家带来的梅花印章在蔡复一抄写的每张纸的左上角盖上个梅花印,然后再装入箱内。

四十九天后,朝廷派人来取那九大箱抄写的文书,上朝时,抄写的文书送到皇帝面前。皇上展开一看,上面写的都是指责皇上、辱骂朝廷和皇族的文字,顿时龙颜大怒,要将蔡复一问斩。蔡复一大喊冤枉,可是一看那文字,竟和自己的一模一样,真是有口难辩。正当蔡复一要被推出去问斩时,蔡夫人闻讯赶来,请求见驾申冤。蔡夫人禀告皇上,凡是蔡复一抄写的文书左上方都印有梅花印,请求当场验证,以伸正义。皇上命人验证,终于真相大白,原来全是奸臣蓄意谋害蔡复一。他们派人模仿蔡复一的笔迹,专门抄写些辱骂皇上的文书,然后用掉包计换下蔡复一抄写的文书,向皇上缴旨,不想此计被细心的蔡夫人用梅花印章给揭穿了。奸臣被押出午门斩首示众。京城上下,无不称快,无不称颂蔡夫人贤能。贤妇助夫的故事世代流传。

一笔化三千

江西和福建两省举行文人大赛，主考官先用文、诗、对联作试。两省文人知识渊博，难分上下。这难住了主考官，他心生一计，出了个怪题——"寸纸写上三千字"。江西考生的纸上出现了密密麻麻的清秀小楷，眼看他们胜利在望，福建上场的是金门秀士蔡复一，他镇定自若，沉思片刻，挥笔在寸纸上写下刚劲有力的五个字"一笔化三千"，比江西的江飞虎提前十分钟交卷。主考官评定蔡复一灵活应变，文智超人，得到桂冠。"一笔化三千"的典故流传至今，成为思路敏捷、应付自如的代名词，但也变为草率乱涂的代名词。

侍郎洪朝选逸事

洪朝选（1516—1582年），字舜臣，又字汝尹，号芳洲，别号静庵。翔风里十三都洪厝村人。明嘉靖二十年（1541年）进士。历任户部主事、郎中，吏部郎中，四川按察副使，广西右参政，山西左参政，太仆寺少卿，都察院右都御史、刑部右侍郎，以刑部左侍郎致仕。他一生为官清洁忠信，不阿谀权贵，不诡随世好。其督放粮储，宏观规划为后人所学，惠及百姓士民，世人称其为"洪佛子"。隆庆三年（1564年），辽王案起，洪朝选奉命赴襄阳勘办，不附权相张居正坐以"谋反"私意，严词拒绝在相党的成案上签字。据实勘查，以"淫虐有实，谋反无据"、"法可正，国不可除"复命，惹怒了张居正。张氏借考核之机将洪朝选罢官归里。

洪朝选返回故里，除自持生活，读书写作之外，诸如国计民生、朝中弊端、地方疲困，时刻关注。因痛斥张居正夺情不守父孝、抗议劳堪铸钱发响、苦劝中官家子不要为非作歹，以致结怨谤，被张居正、劳堪派兵至其家逮捕下狱，断饮食、绝亲属，命狱卒以沙袋压迫胸口，受严重摧残，气绝而亡于福州狱中。时万历十年（1582年）春，年67岁。更可恶的是，当局以侍郎官有起死回生之药为由，停尸四五天，不许收尸，尸腐虫生。

番薯粉粿

翔安新店镇洪厝村一带,直到今天还流传着这样一个习俗:每逢喜庆佳节的日子,宴请客人的头一道菜就是"番薯粉粿"。据说这个习俗是从明代"侍郎祖"洪朝选时流传下来的。

洪朝选,字舜臣,号芳洲,新店洪厝人,从小勤奋,高中进士,后被朝廷任命为户部主事官员。奉命赴任之际,恰好家乡准备过三月节。母亲留他过完三月节再走,但他一天也不敢多留,收拾行装就准备启程。母亲也不敢留他,只想煮碗好料的(好吃的)给他吃。乡村人家,一时没有准备,只能拿现成的东西来煮。母亲就从灶头上抓了一把切好的地瓜粉条,配上猪油、葱花、文昌鱼、海蛎,掺在一起煮了一大碗香喷喷的番薯粉粿。临出家门,吃到母亲亲手做的家乡菜,洪朝选感到特别香甜可口。

做了刑部侍郎后,洪朝选回家省亲,村里人庆贺他当了大官,备办了丰盛的宴席:海里的嘉腊鱼(真鲷)、山中的鹧鸪鸟、外地的鹌鹑蛋……好菜一碗一碗端了出来,可洪朝选不敢多伸筷子,留着肚子等待吃那碗番薯粉粿。三十六碗过后,甜汤出来了(闽南宴请风俗:出甜汤意味宴毕),洪朝选赶忙低声问道:"番薯粉粿不是压席菜吗?"他这一问,大家都傻了,因为宴席上根本没准备这一道菜,大家认为这是农村人吃粗饱(随便填饱肚子)的东西,所谓"番石榴上不得三戒坛",根本没准备。洪大人这样一问,大家慌忙准备,好在配料是现成的,不多久就端上一大碗热气腾腾的番薯粉粿。洪朝选边吃边夸:"还是番薯粉粿好吃,还是番薯粉粿好吃!"

从那以后,洪厝一带人家,宴请客人第一道菜就是番薯粉粿,大家都这样办,相沿成俗。清朝同治年间,洪厝村有十一个人旅居印度尼西亚,那里的洪氏华侨后裔至今还保留着吃番薯粉粿的习俗。

洪朝选的名字是谁取的

早年,翔安人只知道洪厝村曾出个大人物"洪侍郎",洪厝人也只知道有个"侍郎祖",并不知道他确切的名字,更没人知道这个名字是谁取的。

洪侍郎小时候的名字叫"天民",后来改叫"朝选",这里有个鲜为人知的佳话。

天民自小勤奋读书,天资聪颖。年方十六,就能写很好的文章。一天,洪天民得知在外为官的林希元回乡探亲,就到三里外的山头村拜访,出示所作诗文。林希元读罢,惊赞说:"此乃非人间凡品也!"遂将侄女林瑞英许配给他为妻,把白屿(今鳄鱼屿)当嫁妆。林希元假满复任时,带洪天民到南京,让他结识有学问的长者并亲自授教三年。所以,林洪之间,既是岳伯父与侄女婿的关系,又是师生关系。

天民第一次参加乡试失利,经林希元调查,被有权势的人强夺名次。林希元勉励洪天民说:"人最怕无志气,你既有志,有什么事不会成功?应该继续努力,不要失志。"第二次乡试,洪天民果然中举,但天民并不满足,继续攻读。是年夏天,林希元返乡,适逢天民准备参加京都会试,林希元鼓励他说:"汝昔日之志不虚,此次应试必中无疑!"因此,把天民的名字改为"朝选",寓意定为朝廷所选用。遂以朝选为名入试,果取进士上第。

洪朝选为何取号"芳洲"

洪朝选为什么取号"芳洲",这得从他母亲说起。

洪朝选的母亲叶氏,是同安岭下"郡马府"裔孙叶烙庵(曾任浙江开化知县、广东感恩知县)之女。过去,从洪厝到同安,要乘小船过渡洪厝港,然后从蔡埔、吾溪上岸,步行到同安。

明正德十一年(1516年)八月底,有一天,渡船从蔡埔到洪厝港鲤鱼墩(浮屿仔)附近,忽然狂风大作。据说船老大猛听"水鬼"叫喊:"三载交替,今岁到年,兄弟呀,把船翻沉!"这时,云端出现天神喝令道:"洪大人在船上,休得无礼!"顿时风平浪静,渡船平安靠岸。

船老大要感谢船上的洪大人,但全船没有一个人姓洪,仅有身怀六甲行将临盆的洪门叶氏。全船的人都说:"今天全托夫人之福,日后必出大贵!"

农历八月廿九日,叶氏分娩,果然是个男孩。全家上下非常高兴。为上报天赐洪福,下报黎民期望,父母为其取名"天民"。洪天民出生时,有人发现渡船遇险附近鲤鱼墩上空祥云绕港,紫气芬芳,是故,天民取号"芳洲"。

庭前亲手种铁树

洪朝选故居庭前原有两株陈年铁树,1982年10月16日普查文物时测量:一株树高6.16米,茎围1.15米;另一株高为4.34米。其叶呈墨绿色,羽状分裂,树干乌褐浑圆。

相传这两株铁树是洪朝选出仕后自外省带回家乡的,

洪朝选将它们植于故居庭前。其故居二进厅堂尚有"堂前金钩呈瑞气,庭栽铁树蔼祥光"楹联,可为佐证。两株铁树于1986年因保护不善而枯萎,族人又于原地栽种了一株幼小的铁树。

铁树亦称"苏铁"、"凤尾松",分布在我国南部,其树干犹如铮铮铁骨,叶子更似坚针利锥。铁树象征着芳洲先生"禀性刚直"的品格和气节。

"番济"逸事

　　翔安大道东侧的山顶头村,绿树翠竹掩映着两座气派的红砖古民居,日光照耀下,粼粼红瓦与池塘老树相映成趣,宁谧而和谐,引寻幽访古之士转首瞻望。

　　这个蕞尔小村藏有华侨富商陈允济的创业足迹,两座精致华美的红砖厝引出主人的美丽传说。

　　陈允济(1855—1921年),字少圭,按族中辈分应称陈玉济,当地人因他过南洋经商致富,敬称他"番济",清末民初,这个名字在闽南一带可是响当当的。据老辈人讲,陈家当时是公认的"同安出南门桥第一家",今翔安境内,家业殷实无出其右者。陈允济的发家史及人生奋斗履历颇具传奇色彩,令人鼓舞与崇敬。

名门式微　鹡鸰失枝

　　陈允济少时居翔风里十二都东浦村,其家系当地望族。有清一代,陈家先祖堂亲有六人先后中式武举,"举人第"三落双护龙大厝今仍在,其大门镌"父子兄弟叔侄同登科"匾额,风光显赫,《同安县志》称其"清父子兄弟叔侄同登武举"。祖上虽荣耀,但传至允济时,家境每况愈下。七岁时,陈允济的父亲邑庠生履亨公见背,陈允济只与母亲相依为命,少年时,陈允济曾冒酷暑徒步到海澄三都,寄居亲戚家,刨别家收成过的番薯地,拣残茎老根晒成干,背回家中补贴食用。稍长后，陈允济又随别人受佣于店铺，一同挑油往八九里外的马巷圩市贩卖。陈允济高大魁梧，干起活来粗手大脚，重心高便不稳，不易掌控平衡，挑油难免溢溅损费，为此每遭责备。有一次，允济挑完两大瓮油到五谷市，主人一看，竟只余半瓮多，一气之下，遂将允济辞退。丢掉工作之后，陈允济家徒壁立，投靠无门。时值满清后期，外强内侵，国门洞开，赤县哀鸿遍野……陈允济彷徨月余——坐困愁城已非长计！

筚路蓝缕　番邦立足

穷则思变，只因贫窘交迫，希图养家糊口而已，陈允济背上包袱，同许多食不果腹、身不由己的华侨先辈一样，带着对故土的眷恋，踏上背井离乡、漂泊海外的行程。车船劳顿，辗转到安南（今越南、老挝、柬埔寨的合称），来到华人密集地西贡（今胡志明市）。初抵之时，人地生疏，风餐露宿等艰难困苦自不待言，命脉如浮萍，未卜何处是归宿，身似艾草，自有落地生根之本性！幸觅得一份工作，落脚于永隆一农场，当了搬运工。凭华人吃苦耐劳、勤俭节约的本色，陈允济逐渐站稳脚跟，但收入仍很微薄。他平日伸张正义、富有胆识，受工人的拥戴，后来当了小工头。略有积蓄后，购置了一台碾米机，办起小型加工厂，聊以安居。

农场掘宝　商界晋身

据说越地确是生民养民的风水宝地，自然阳光充沛、雨水适宜，气候很适合作物的生长。越俗，稻谷种植非常简便，播种时只需在田地上插孔，秧苗放入便可成活，不用花费多大工夫,季节一到即可收成。收割后,直接堆积在大场上暴晒,后掩盖一番,便算是收藏。

一年,农场收成的稻谷堆积如山,来不及收藏严密却突降大雨,天有不测风云,霪雨霏霏连下十数日,谷子竟冒出新芽,几日间黄甸甸的新谷变作绿油油的嫩苗。遭此天灾,场主终究无奈,只得将货物以极低廉的价格转卖他人,央其尽快搬运走。允济富有魄力地接下这摊买卖,待搬运时,惊喜地发现,冒芽的仅是表面上几尺厚的稻子,底下仍是金灿灿的谷粒……因获巨利。陈允济以此挖到第一桶金,在永隆诚德村开设"陈长裕号"米粟店铺,因其诚信厚道,早起晚歇,生意越做越大,后又在堤岸米荻街开设"福成兴号"米谷贸易商铺。由于信誉素著,经营有方,陈允济逐渐开拓出广阔的市场。第一次世界大战期间,协约国成员法国卷入战争,波及东南亚一带,物价飞涨,战争物资大米为尤,法属殖民地的越南是大米的主要产区,优质的"越南米"源源不断地出口国外。水涨船高,陈允济也获得巨额利润,成为侨商巨擘,进而投资航运、钱庄、信批局、典当铺、粮油等诸多行业,生意遍布西贡、堤岸及厦门一带,遂臻于巨富。裔孙陈清注今仍保存一份"陈长裕号"扩大经营,新建办公洋楼及谷仓的工程章程合同:"立合同字为:承办建造工程之人为西贡苏钟安,兹承接永隆省诚德村'陈长裕号'新建造洋楼一座、谷栈两座。该号已在本省参办堂工程处请准人情建屋图一纸了,其地盘:洋楼深十二尺、阔十尺;谷栈两座,各座深十六尺、阔十五尺……"从中可窥豹一斑,略知当时经营规模。

缘虽斗富　实乃惠民

厦门本是一座岛屿，孤悬海中，与大陆交通全凭舟楫。陈允济一次回乡，从五通码头搭"永川号"客轮欲返家，时候已到，为多拉客，艄公仍不愿起航，陈允济与之理论，适船主到来，睥睨一眼，以为普通人家，便矜财傲物地说："汝若是了得，可自置一轮船，想几时起行便起行，岂不更方便？"允济驳以经商之道……又一路寻思，马巷与厦门往来，日渐繁忙，现有舟船大多狭小缓慢，士农工商往返航行深为不便……回到家后，即立意添置一艘轮船，专门用于马巷与厦门之间客运往返，改变这种落后境况。主意一定，便命其三子陈剑秋取三万大洋从越南购回一艘电船，船号"海丰轮"，航行于唐厝港、刘五店与厦门第五码头专线。为了显示其富有，该船规定凡陈姓船客一律免收船费，逢中午时段，免费发给每位船客一个肉包当午餐。当时远至泉南、莆仙一带商民往来厦门者，多乘车马至马巷中转，后从唐厝港、刘五店水路进厦，故此善举可谓遐迩受惠。至30年代，该船在刘五店海域触礁沉没。当年还有一段动人的插曲。陈允济长女那天从厦门回家，也正好在船上，沉船后，她毫无富家小姐的柔弱惊惶，临危不惧，奋起抢救两名落水妇女，出入波涛，最终将落水者拉扯上岸。当时厦门报纸曾报道赞扬千金小姐英勇无畏的气度。可见，陈允济对女子的教育不仅限于妇德女红。

荣归梓里　积善为德

漂泊的游子心系故土，事业有成之后，暮年的陈允济向往叶落归根，于是听从族亲建议，回乡择风水宝地于山顶头村,建造宅院安享晚年,自民国四年(1915年)开始,历时三年,建造了两座美轮美奂的大厝,与他富甲一方的身份相匹配。时光转逝,近百年过去了,这两座老屋仍蔚为大观:镶嵌鲜艳华丽人物亭阁泥塑的门面水车堵;塑造粗犷突兀兽足的泉州白石刻;典雅别致的麒麟对戏、凤凰朝日砖雕;传神谔谔的花鸟鱼兽木雕;神采奕奕的镏金戏剧故事图绘和书香扑鼻的楹联,叙述先辈创业维艰,后代子孙居家创业须恪守孝悌谦恭、克勤克俭之类的箴言。陈允济常以少孤不得继书香为憾,发迹后不仅在新宅护厝中设私塾延师培养其子孙,又推己及人,资助族众求学进取。平时乡民有困难,他也鼎力相助,时任厦门道尹的陈培锟为其做墓志铭说:"至其为人排难解纷,尝一朝挥数百金而弗吝,则其重义轻财岂庸俗人所能比哉……"在越南永隆,允济也任总理带头倡建供奉关帝的"永安宫",缓解侨胞们的思乡之情,扩建福建公所和七府公所,联络乡谊。

天不假年,陈允济于民国十年(1921年)逝世,其家走向衰败,只剩两座故居见证其当年的辉煌。我们站在廊檐下,可以想像大户人家曾经的人流川动、迎来揖往,也可以醒悟人力无法逆转的兴衰荣辱。

百十年来,背井离乡,远涉重洋者,何止千千万万,昔时为觅口饭食而奔波劳碌者,只因故土无立锥之地,备尝生活之艰辛,抱着背水一战的初衷,何曾料到后来的飞黄腾达、衣锦还乡。华侨异乡披荆斩棘、苦心经营的人生路程,可以写作一部可歌可泣的华侨血汗史。陈允济的奋斗史,是华侨家族史中鲜活的事例,反映闽南侨商对东南亚开发建设、经济发展的贡献。

邱钓矶院前溪捉海怪

邱葵,字吉甫,号钓矶,小嶝岛人,宋末泉南名士,爱国诗人。宋亡后他隐居海中小屿不肯降元,其高风亮节为世人所钦敬。

南安石井镇院前村每逢农历六月十二日有佛事,名曰"鲎公醮",相传这一遗俗源于宋末理学名贤邱葵。

盛夏六月的一天,邱葵到南安院前寺拜访新任住持云岫上人,云岫上人曾在小嶝章法寺出家修行,是邱葵的好朋友。寺院掩映在绿树丛中,山门前有条清浅小溪流过,环境清幽。傍晚时分,暑气渐渐消退,邱葵独自一人步出山门,来到小溪边散步。这时夕阳在山,归鸦阵阵,田野空旷,溪浅水清,一时触发他的诗情,遂踏步浅溪口占《步院前溪水》一律:"偶出山门去,乘凉步浅沙。溪流盘略约,岸沫上槎牙。野拓天围大,风吹日脚斜。吟成无与语,独立数归鸦。"在夕阳余晖的映照下,他溯溪吟咏,颇有屈子行吟的风姿。

第二天早上,邱葵与住持品茶之后,便摆下棋局厮杀起来。一局未残,只见几位老农慌慌张张地跑进寺里来,边跑边惊呼:"海怪来了!"住持起身忙问缘故。一老农面容忧戚地说道:"今日海发大潮,潮水倒灌入溪,许多海怪兴风作浪而来,它们横行水田龁食稻谷,所到之处,稻子披靡,可怜已灌浆即将成熟的稻子被糟蹋了不少。"言毕,众老农请求法师大发慈悲,下溪除怪,保境安民。住持细问怪物形骸,老农们你一言我一语如此这般地描述了一番。邱葵与住持听罢相视一笑,知道老农所说的海怪无非是大海里的寻常之物"海鲎",只不过是山民不识海鲎,少见为怪罢了。于是住持指着邱葵笑道:"这位是海滨来的邱处士,善能降妖除魔,你们就请他前去降伏海怪吧。"

邱葵和云岫上人带着降妖"法器"随众人来到院前溪边,堤岸上柳色青青,绿绦拂水,柳阴里站着许多村民,人们望着稻田指指点点,议论纷纷。邱钓矶往堤下一看,稻田里果然有许多深褐色的怪物,成双成对地在稻田里爬来爬去。它们头顶圆盔,胸束坚甲,六角形的后体部披着带刺的猬甲,尾部佩着一把尺余的宝剑。老农们走进人群高兴地喊道:"邱处士降妖来了!"在村民的欢呼声中,邱葵手里提着一条麻绳,径直奔下稻田。他随手捉起一对海鲎,绳缠索绑捆个结实,提上堤岸来,走到柳阴下,把鲎钉在柳树头上。邱钓矶一手操刀一手按定鲎的步足,杀起海怪来,云岫捧着瓦盆接住。只见他手起刀落,刀随手移,先卸下步足,再割下腮片,接着解开内侧壳盖。一掀开内壳,就从鲎腹中滚出无数米黄色高粱米大小的圆东西来。"你看,这怪物吃了那么多谷子。"围观的人群中有人惊呼起来。听了这话,邱钓矶扔下厨刀哈哈大笑起来:"此物不是什么海妖海怪,是海鲎。现在正值大暑节气,是海鲎发海的时节。今天大潮海水倒灌,海鲎便随着潮水溯溪而上,来到这里。""这家伙形容古怪,我们还以为是海怪呢",村民们恍然大悟。"海鲎样子怪却不是废物,它的肉可以吃,味道还很鲜美,它的壳可以做饭勺、水瓢,尾巴还可入药呢",邱钓矶进一步启发村民们。听完邱钓矶的话,几个勇敢的青年高喊着"抓鲎去啰!"

奔下稻田。

　　为了纪念邱葵捉拿海怪，为民解厄的恩德，院前村民每逢这一天就设醮祭祀这位先师。

　　七百来年过去了，人间沧桑。如今海潮再也不能倒灌进院前溪，当然海鲨也不能重访院前稻田。但院前村的"鲨公醮"习俗却薪尽火传，保留至今。

"十虎会"逸事

明万历年间,闽南童生聚集在香山书院求取功名,期间,有十位童生在香山寺结为盟兄弟,名为"十虎会"①,他们尊奉翔安新店镇东园村的张及我为盟兄。

有一天,"十虎会"的兄弟为大哥庆贺生日,忽然来了个不速之客,指着鸡内脏有求赐之意。兄弟们和颜悦色地说,这是专为我们大哥祝寿而备的佳肴。不速之客求之不得,噜苏一番,临走时狂笑留下谶言:"不可畅呀,不可畅,十名只有九名中。"说完,流星大步从后门溜走了,不一会儿,又从大门蹒跚走进来,破口大骂说:"你们通通都不中。"众兄弟看这不速之客求乞未遂,出言讥讽,纷纷议论。盟兄张及我劝各位兄弟不要胡乱猜想,镇定地告诫大家:"现在我们不可执意歪道,要认真学业,待他日验之。吾等是同窗又是兄弟,万一将来真的十人只有九人中,则中者要掏银一千两资助未中者。"

物换星移,"十虎会"的兄弟在香山书院几年寒窗苦读,应考皆中副榜进士,名扬远播。

---

① 虎是武进士的俗称。

黄文照与香樟树

翔安新圩镇金柄村，原有一片香樟树。随着岁月的流逝，至今仅存金柄紫云黄氏大祠堂后一株和后埔村中两株"公婆樟"。这几株古树历经沧桑，还是得益于黄文照立碑保护方得幸存阅世。

黄文照（1556—1651年），字丽甫，号季韬，翔安"东黄"金柄人，陕西参政黄文炳之弟，幼随外祖父居晋江安平镇（安海）。黄文照娶临江太守陈升峰之女，徙居泉州城铁炉铺五塔巷，晚归祖家金柄。黄文照信奉理学，造诣颇深，有"品高嵩岱，学溯关闽"之誉，一生述经谈学，游山访友。古时平民或未做官的读书人称布衣，如诸葛亮出仕前，自称"臣本布衣，躬耕于南阳"。黄文照学富五车，一代真儒，天启朝光禄寺卿何乔远、隆武朝吏部尚书张肯堂观其学行可师，先后向朝廷疏荐，隆武帝授以国子监学正，但他仍坚辞其职，有司奉旨颁送"天恩存问"匾额并发无碍官银三百两以给刻书之费，所以黄文照被世人称为"黄布衣"或"黄同安"。因受朝廷征聘而未出仕，黄文照又有"聘君"名号，《同安县志》则将他列入"儒林"。黄文照一生著述甚丰，有《道南一脉》、《两孝经》、《仁诠》、《理学经纬》、《太极图解》、《琴庄》、《随笔》、《南台志》、《九日山志》等，万历间宰相叶向高（同安佛岭叶氏二十世孙）为其《两孝经》作序。黄文照不满清朝统治，有"四郊多垒怀司马，一筹莫展愧仲达"诗句，抒发忠君爱国之情。黄文照晚年避居三秀山雪山岩（俗称后岩，现五显镇），于顺治八年（1651年）辞世，享年九十又六，棺木以四根山藤悬吊于雪山岩读书楼，以示"不覆清朝天，不踏清朝地"之气节。清道光二十六年（1846年），族人黄维岳中式解元，方将其棺木解葬于黄坂村东，墓碑阴刻"明聘君理学布衣我山黄先生墓"。黄文照十分重视祖宗栽种的"风水树"，他于重兴祖祠后的第二年（万历三十年，1602年）树"祖林垂示碑"。阴刻楷书四行，满十字，自右至左连读为："始祖肇纶公手植樟树林仍造福通族之胜迹子孙世护勿毁大明万历岁次壬寅冬月裔孙文照敬立。"

黄肇纶（664—750年），字彬夫，是泉郡紫云始祖黄守恭的第四个儿子。唐垂拱二年（686年），黄守恭为让子孙"世世安乐"，听从匡护大师之言，让四个儿子经、纪、纲、纶骑马持钹分居南安、惠安、安溪、同安；幼子纬随母居诏安，世称"五安黄"。黄守恭还撰"认祖诗"（铙钹诗）："骏马登程往异方，任从随处立纲常。汝居外境犹吾境，身在他乡即故乡。朝夕勿忘琴命语，晨昏须荐祖前香。苍天有眼长垂佑，俾我儿孙总炽昌"。"紫云"黄氏后裔以念此诗为认亲证据。黄肇纶开墓同安金柄并植香樟树林，其墓葬（暨原配智氏）在村后大轮山南麓，后重修，马来西亚丹斯里拿督、金柄纶公四十四世孙黄琢齐撰写《重修金柄黄氏祖茔碑记》。今台湾台北三重埔下竹围仔庄，台南佳里镇、七股乡，金门县金水村、西园村及澎湖县等地均有纶公裔孙。据上考据，金柄及后埔这三株香樟古树当有一千三百多年的历史。后埔村公婆樟树株近四米，树根相连，枝叶互盖而有此称。公樟高十五米，胸围长十二米；婆樟高十米，胸围长近九米；金柄这株樟树胸围长七米多,虽基干部分空心,但仍葱郁如昨,生机盎然。古人有着浓厚的宗族观念,不敢轻易毁损先人种植的树木,明代刑部左侍郎洪朝选植于洪厝故居庭前的铁树,广西参政林一材栽于美人山祖坟后面的"好流丹"树,兖州知府康尔韫载于禾山宗祠后的油杉,莲花张厝叶文吉种于崇福宫后的海红豆树及五显后垅村李氏开墓祖栽种的"枫公"……当时的人种树是为了庇荫子孙,造福通族,后代视若圣物,世护勿毁,因而成了今天研究稀有树种的实物资料和游览观赏的人文景观。不论古人植树、护树的主观意愿如何,植树护林的举措至今仍有借鉴意义。

过无坻，搭无船，就去找蔡云

大嶝嶝崎村至今流传着一句俗语："过无坻，搭无船，就去找蔡云。"①可见蔡云是人们心目中解危救难的善心人。

相传，蔡云原是新店蔡厝村蔡姓大房柱长。按翔安一带的风俗，盖房子时左右两厢都得留子孙巷，预兆有百子千孙。蔡姓宗族建祠堂，左边偏不留子孙巷，显然有意排挤大房柱。蔡云出面与宗亲据理力争，却没效果。他感到在蔡厝已无立足之地，决意出走他乡，天地圆仑仑（天地广阔），何处可安身呢？有一天，他走呀走呀，来到天心洞求仙祖圆梦。夜里，仙祖果然来托梦，指点他面东而去，见有纸糊窗之处就可安家。

于是，蔡云向东直走，过了海峡来到大嶝崎口下（嶝崎行政村中的自然村），看见一间杂工住过的草棚，用纸糊着窗。他想，这可能就是仙祖梦中指点的住处。于是，他便在草棚安了家。

有一年中秋节，蔡云在家门口乘凉赏月，忽觉得月亮特别亮，眼前满地光辉。蔡云深感诧异，连忙跪下祈祷："月娘，月娘，我辛勤劳作，求您保佑我福气临门，若能发迹，定要扶危济贫、行善众生。"

---

① 坻：海底小路。

几年后，蔡云果然事事亨通，家境渐渐富裕，成为嶝崎的富人。蔡云在崎口下盖了一片房屋，取名为"土楼"，占地一亩有余，家中设置齐全。蔡云没忘记向月娘许的愿，果真在岛上扶危济贫，深受众人爱戴。岛上的贫民和外地来岛上卖葱卖菜的农民，若赶不上潮水，过不了海，搭不上船，都在蔡云家歇脚投宿，蔡云皆热情待之。久而久之，"过无坻，搭无船，就去找蔡云"便成为赶潮人的口头禅并流传至今。

小村故事

翔安

　　街头巷尾的故事如同散落凡间的珍珠,用晶莹的光泽记载小村亮丽的传说。时光淘洗人们的记忆,一如漫长的历史悠然远逝,最后沉淀出难以忘怀的乡音乡情。

香山古寺田薯芋

　　每年农历正月初六香山岩庙会,来自海内外朝拜的香客成千上万,各种地方特色小吃摆满岩前埕场。其中,最引人注目的是香山田薯芋咸粥。香客争先品尝,既好吃又便宜。早些年,一大碗才五分钱,香味四处弥漫。多少海外乡亲,孩提时品尝过至今念念不忘,就是飘过南洋谋生数十载,年老了返乡探亲再来香山逛庙会,最思念的家乡小吃还是香山田薯芋咸粥。小小一碗咸粥,有一段动人的传说。

　　早时,香山岩隶属于泉州崇福寺,香山岩历任住持均由崇福寺长老推荐指派。有一年旱灾,香山一带颗粒无收,民不聊生,香山岩住持也因饥饿病故。崇福寺长老指派年轻的觉菀和尚前去接任,临别时,长老赠以一粒小小的田薯芋籽,叮嘱觉菀好好栽培。觉菀和尚不以为然,将田薯芋子随手丢弃在寺庙放生池,事后也就忘记了。不料田薯芋生命力极强,放生池虽已干涸,但池底泥土肥沃湿润,不久田薯芋子就生根发芽,芋头生芋子,芋子生芋孙,绿油油的芋叶长满整个放生池。

　　不几年,香山岩又遇旱灾,寺庙和尚清理放生池,挖出小山似的一堆田薯芋。和尚们喜出望外,用田薯芋作口粮,变换花样吃,其中最闻名的就是"香山田薯芋咸粥"。全寺食用田薯芋头数月,度过了饥荒,还有余粮施舍给周边的灾民,田薯芋头被当地村民誉为"救命芋"。觉菀和尚猛然省悟长老的苦心,特意带一麻袋田薯芋头前往崇福寺,送给长老品尝品尝,表示感恩之情。来到崇福寺,才知道长老已归西。师弟转告,长老临终时留下遗嘱,弟子如要远走他乡,一定要记得捎上一颗田薯芋籽,栽培种植,普济众生。觉菀和尚来到寺边绿油油的芋园,瞻仰了安息在芋园里的长老灵塔,不禁落泪。

　　从此,觉菀和尚更是精心栽培香山岩的田薯芋头,田螺湖、畚箕湖和大小山沟都种上田薯芋头,在周边乡里广种田薯芋头。田薯芋头受到香客的喜爱,渐渐成为传统食品。

双沪"牛头"地名的由来

在大嶝岛的双沪村,有一处海岸与金门对峙,海岸土胸墙上有两个活灵活现的牛头土纹,大眼睛和两个弯弓似的牛角清晰可见。这泥纹图像不足为奇,但有一段体现金(金门)嶝(大嶝)人民深情厚谊的动人传说。

六百年前,金门与大嶝之间的海峡只有八百米,退潮时,人们可以涉水从大嶝到金门,两岸人民交往十分密切,攀亲结友的现象蔚然成风。双沪村有一个农夫叫许地山,他牵牛到山上吃草,不料母牛趁海水退潮时挣脱缰绳下海跑到金门岛去了。

这头狂奔乱叫的母牛在金门岛上乱窜,偷吃庄稼,被金门岛后浦村姓郑的农夫发现并收养。年复一年,母牛在那里拉车拖犁,繁殖子孙,牛成为金门百姓的主要运输工具和耕种工具,为金门同胞立下不少功劳。

母牛渐渐衰老,日夜思念金门对岸的老主人,不断流泪,眼睛都哭瞎了,最后,眼珠子竟掉下来,滚进海里,随潮水漂回到大嶝岛双沪村,嵌在海岸的胸墙上。最后的时候,母牛精疲力竭,不吃草料,郑氏终日焚香求佛也无济于事。母牛死后,为了答谢它的功劳,郑氏按当地习俗,偕村人为它举行了隆重的海葬。母牛的头部却脱离身体,随波逐流漂回大嶝岛双沪村,与眼珠合为一体。

为了纪念这段人牛之情,人们把这个地方叫为"牛头"。事隔百年,佳话仍为后人津津乐道。

五营山地名的由来

　　顺治二年(1645年),清军攻入福建,唐王被俘,明宗室逃亡沿海,建立南明政权。南明君臣昏庸无能,不图进取,郑芝龙降清。面对国破家亡和人民苦难的严峻现实,二十二岁的郑成功高举"杀父报国"的大旗,集合闽南一带的抗清力量,初到南澳招兵,后据金厦建立基地,与满清政府展开殊死斗争。郑成功亲历厦门各要口视察,筑寨堡,修船只,养兵筹饷,拨将镇守,联合各地抗清义军,壮大军事力量,建立五军(各路军均分为中、左、右、前、后五军),又设局督造武器,装备部队。

　　永历十四年(1660年),清廷派大将军达素统领大军进攻厦门,郑成功率军迎头痛击,达素兵败如山倒。郑成功预料清朝将集中更大的兵力前来进攻,厦门弹丸小岛难以长期支撑,必须另辟基地,随即战略转移,调兵遣将,亲率五营兵力,声势大振,浩浩荡荡南移,来到与金厦一水之隔的滨海渔村翔安新店镇东界村,驻扎在靠海边的一个小山头上。

　　为了解决大陆与金厦的交通往来问题,郑成功一边修造船只,一边物色船夫。在紧张的战备日子里,郑军军纪严明,郑成功要求全军将士精忠报国,秋毫不犯民众,严禁焚烧淫掠,不准擅动民间一草一木、一针一线,禁止宰杀百姓的家禽家畜,违者严惩不贷。与此同时,郑军一边在五营山上组织将士学习,一边铺设演武场,操练士兵。

后来，郑成功亲统大军两万多人，乘战船四百多艘，从东界这座山头出发，顺着金门料罗湾，奋勇前进，驱逐荷兰殖民者，收复台湾岛。从此，周边的百姓把这座山美称为"五营山"。

"车鼓弄"的由来

从前,翔安新圩镇里有一家夫妻豆腐店,因为豆腐用料好、手艺精,价钱又公道,生意很不错。夫妻俩白天上市买原料,下乡卖豆腐,日子倒是过得很愉快。只是晚上磨豆浆常磨到三更半夜,既辛苦又无聊,夫妻就边推磨边哼民歌,互相对唱逗趣,以消除疲劳。

有一天,有个民间艺人寄宿在豆腐店的店廊里,听见老夫妻对唱嬉笑,饶有风趣,就伏在门缝偷看,边看边记下歌谱舞姿。回家后,加工整理,教徒弟扮起一公一婆,抬着斗篮,盖上绣彩,运用三步进、三步退的基本舞步,配上管弦、用唢呐伴奏,边唱边舞,象征老夫妻磨豆腐的乐观情景。试演以后,很受欢迎。以后又灵活地套进民众爱听的歌词,加上风趣诙谐的表演动作,成为百姓喜闻乐见的民间曲艺。由于唱词通俗易懂,动作生动有趣,人人喜爱,各地先后组成表演队伍,这种表演形式很快就在翔安普遍流传开了。因代表石磨的斗篮盖彩,形似鼓,公婆进退欢舞,戏弄玩乐,状如推车,所以这种民间艺术就取名为"车鼓弄"。

"田府元帅"的由来

每逢年节,翔安区新圩镇凤路村的村民会不约而同地前往路坂尾头顶一间小庙祭祀"相江公","相江公"就是唐朝乐官雷海青。唐玄宗时,雷海青以善弹琵琶供奉朝廷。天宝十四年(755年),安史之乱爆发,朝廷的宫娥、嫔妃、乐师滞留洛阳,安禄山在凝碧池举行宴会,强迫乐师奏乐,雷海青义愤填膺,箭步跳上戏台,掷毁乐器,抱头痛哭、咒骂。被肢解处死。

唐肃宗李享登基,追封雷海青为太常寺卿。戏曲界则奉他为戏神,尊称"相公爷"。剧团戏班出境演出,都要带上"相公爷"的小神龛随之供祀;民间娶媳妇,都少不了要演《仙女送孩儿》这场好兆头的木偶戏,以示"帝王将相手中出,才子佳人言上来"。扮演相公的演员事先出台亮相,谓之"踏棚"(即在戏台上绕走一圈),真有他的英灵千古在。

靖康元年(1126年),钦宗与金兵打仗,败了,徽宗为金人逼往北去,雷海青带神兵护驾。那天,天空黑云翻滚,雷军的旗号仅有一个"雷"字,上部分的"雨"字被黑云遮去,远看成"田"字。次年,高宗从金邦逃回做皇帝,在位三十六年,高宗追封雷海青为"大元帅",百姓称之"田府元帅"。

万历三十三年(1605年),路坂尾修了一座"相公宫","田府元帅"成为村落的"挡境佛祖",庙中供奉的"相江公"神像年轻英俊,脸部与众不同,嘴角两边绘着两道黑色弧纹。据传，雷海青的母亲未婚生子，遭到其父诟骂，将婴儿弃于田野。三天后，发现婴儿还活着，是田里的大螃蟹濡以唾沫救了这条小生命，弃婴就是雷海青。其外祖父以为苍天庇佑，便抱回家中抚养成人。神像嘴角的弧纹表示蟹爪，寓意螃蟹救命的奇迹。

陈厌钻羊肠

古时,马巷有一个小土豪,仗着家里有几个钱,为人粗野,蛮横无理。村里人便给他取了个外号——陈厌,意思为人见人厌。有一天,陈厌要到阳塘村办事,但他从未去过阳塘村,迷了路。正在为难之时,陈厌看见远处有一老人,手拿长烟杆,放着羊。陈厌拉长了嗓子大声喊:"喂,死老头,阳塘往哪里走?"老人悠闲自在地吸着旱烟,装着没听见。这时,陈厌急了,跑了过去,又大声喊到:"喂,死老头,耳背了吗?阳塘村路怎么走?"

老人回过头来,慢条斯理地用长烟杆指着羊的屁股,说:"羊肠('阳塘'与'羊肠'谐音)从羊屁股钻进去。"

陈厌知道受了老人的奚落,正要发作,可又一想,人生地不熟的,弄不好还要受气,只好低头走开。

陈厌吸取了这次的教训,从此后学会了礼貌待人。

大嶝"打某"蛏

在金嶝小海峡的海涂里,有一种"打某(妻子)①"蛏,个头大,小的也有半两以上,大的有两把重,肉质非常鲜美。这种蛏有一个美丽的传说。

很早以前,"打某"蛏没有名字。有一回,一个讨小海的人没打到渔,就拾了一背篓蛏回来,海边人讨海回来有喝酒的习惯,他就叫妻子煮蛏下酒。美酒配蛏肉,当然是享受。这个讨海人酒一下肚,越吃越高兴,吃了一碗,又要一碗。盛第三碗时,妻子告诉他,蛏肉已经吃完了。讨海人有几分酒意,怀疑妻子贪吃给吃光了,破口怒骂妻子说:"一大篓的蛏,只剩两小碗,都被你这个贪吃女人吃掉了。"其妻受委屈,一肚气憋在心里,一言不发。讨海人以为妻子理亏,就拳打脚踢羞辱妻子。其妻并不还手招架,也不发火使性,苦苦劝说:"如果你觉得合胃口,还想吃,明天再去挖一篓回来就是了。今天天色已晚了,海水也已涨潮,你打死我也没用。况且把我打死了,明天就没有人给你煮饭吃了。"讨海人一想也对,就气冲冲地睡觉了。

第二天,海水退潮,讨海人如往常一样下海挖蛏,回来时,又是一满篓。妻子就把蛏洗净下锅,煮熟后,她不忙于揭锅盖,把丈夫叫到灶旁,和风细雨地说:"昨天把蛏煮熟

---

① 打某(pà vō):打妻子。

后,因为你急着下酒,来不及下料炒。现在,我出门买些调料,你稍等一下把蛏从锅里捞出来,剥去外壳,蛏肉放在盘子里,等我回来,做一道比昨天更美味的菜,让你下酒。"讨海人一听很高兴,以为妻子这样做是为了"将功补过"。妻子出门后,讨海人就高高兴兴地剥壳取肉。当他把蛏壳剥完后,觉得蛏肉并不像他想像的那么多。妻子回来后,讨海人要离开伙房,被妻子叫住。妻子说:"酒已打回来了,碗筷、酒杯也备好了,你来帮忙烧烧火。"讨海人只好留下来烧火。蛏炒熟了,妻子当着丈夫的面,把炒过后的蛏肉盛在盘子里,双手端给丈夫。讨海人望着那盘蛏肉发呆,原来这种蛏含水量大,一脱水炒熟后的量大减。这时讨海人才明白昨天冤枉了贤惠的妻子,此时,也无心吃酒了,只想向妻子赔个礼道个歉。

　　久而久之,知道这件事的人越来越多,十里八乡的人们就把这种蛏叫做"打某蛏"。

父子兄弟叔侄同登科

马巷东浦村背负鸿渐山，面向天马山，大有鸿凤腾飞、天马行空之势。村前有一泓清冽的溪流，名叫"吾溪"（早时，从洪厝港乘木帆船可通向吾溪，直达厦门）。东浦村环境优美，村里古榕龙盘虬结，绿树成荫，是块风水宝地。《同安县志》将其誉为"武功之盛为全省冠"，仅东浦村陈氏在清乾隆至光绪年间就有五人考中武举，可算是翔安武林之最。有父子、兄弟、叔侄同登科之美称，名噪一时。

相传这个小族群的三世陈崇晃是厚道又勤快的老实农夫，可惜早逝，死时年仅二十七岁。妻叶氏，生有两男，长男仅四岁，次男刚出生三个月，叶氏严守儒家训诫，矢志守寡，抚养两男。《马巷厅志》尊她为"节孝"女。寡妇幼儿受尽人间冷暖，这是不言而喻的。为振兴门庭，少受欺辱，叶氏含辛茹苦，纺纱织布，送两男入馆学文习武。长子陈奠康自小聪颖，又勤学苦练，不辞劳苦，武功大有长进，于乾隆三十五年（1770年）中武举，从此家声重振。但陈奠康拒授官职，以耕读自娱，全身心教督自己的两个孩子练习武功，长子陈其春、次子陈其夏均先后中武举，但他们继承父志，誓不仕清。这兄弟俩，武功虽然了得，但和左邻右舍和睦相处，被邻里乡亲尊为老大。陈家虽不当官，但有一定的社会地位，经济也富裕。他们兄弟建造起大宅第，规模宏伟，装饰精致。依清的建筑风格，三落双边护厝三开间、天井、左右厢房格式的大九架,坐北向南,燕尾翘脊,歇山布瓦顶。后厅神龛为五排楼,两旁龙柱各一,龛内奉祀祖先神主,外加柳条门,雕刻细腻,巧夺天工,神龛下面的案桌上有石香炉一座,专供祭祀之用。宅第大门楣上镌有"父子兄弟叔侄同登科"之牌匾。

时代不断变迁,人生必有繁衍。其春之子陈永禧,其夏之子陈捷元亦均中武举,均不仕清,这正是世代遗风、清高自好的延续。同一个门第出了五个不仕清的举人,值得史学界研究。

隔海相望两沙美

金门海峡两岸,各有一个村子叫沙美。海峡北岸的沙美,位于翔安区新店镇鹊峰下。海峡南岸的沙美,位于大金门岛。为何这般巧合,原来翔安沙美的开基祖来自金门沙美。

明朝嘉靖时,倭寇占据浯洲(金门岛),在岛上烧杀掳掠。金门沙美彭氏三兄弟,渡海逃难到大陆,分别在翔安彭厝村和五显后霄村定居,后来又分出一支定居于鹊峰下。鹊峰布满花岗岩层,长期风化,溪流冲刷沙子,在山下堆积成片,峰顶古松高耸。根据这个地貌,同时为了不忘祖先,该村就沿用"沙美"作为村名。清朝该村秀才彭友圃在祖厝的楹联上写道:"村名沙美,沙何以美,沙里藏金;山号鹊峰,鹊胡云峰,鹊头耸翠。"解放前,沙美一带风沙为害,土地贫瘠,民不聊生。如今,造林绿化,风沙被治理了,丰富的沙石成了该村发展建材业、建筑业的生财资源,家家户户都建了楼房,过上了小康生活。

据族谱记载,翔安沙美、彭厝、后霄三个村子来源于金门沙美三兄弟,三兄弟的祖先又来自兴化(莆田、仙游),再往上追溯是广东,最后溯源到"陇西衍派",始祖彭祖。陇西在千里之外的甘肃省,与西域交界。《神仙传》上说,"彭祖,姓掇,讳铿,颛顼之玄孙也。殷末已七百六十八岁,而不衰老","流离西域,百有余年"。彭祖是颛顼的玄孙,也就是黄帝的六世孙。由此可见,海峡两岸的乡亲全是"龙的传人"、炎黄子孙。解放前夕,沙美、彭厝、后霄三个彭姓村子每年都联合派几位长老往金门扫墓祭祖。海峡两岸人民相互往来,寻根谒宗,可谓妙哉!

后村吴祖郭祭

在闽南,大部分村落是单姓族人聚居,村中都有一间祖祠,供奉祖先牌位。每逢过年过节,村民在此祭拜祖先,缅怀先人德泽,祈求先人恩荫。翔安区新店镇后村是郭姓族人聚居的村落,村中却有两间祖祠,一间郭氏祖祠,一间吴氏祖祠,村民称之为"吴祖"。吴祖在郭氏祖祠的南面,相隔不到五十米,规模较小,砖木结构。逢年过节,两间祖祠都张灯结彩,热闹非凡,前来祭祖的人,要先拜过吴祖,再到郭氏祖祠祭拜。这里有一个关于后村渊源的传说。

在宋代,这里叫洞庭乡,居住着吴氏族人,宗族首领人称员外,家境殷实,但膝下无子,独生一女,招赘同安洪塘郭山村一英俊男子郭烈为婿。郭烈为人忠厚,不擅言辞,虽辛勤劳作,任劳任怨,总不能让刻薄吝啬的吴员外称意。不久吴员外就把小夫妻赶出大门,给了几块薄田瘦地,让他们住到仓库后面一间叫"后仓"的破旧小瓦房里。郭烈夫妇虽然清苦,但没有半句怨言,丈夫日出而作,日落而息,妻子相夫教子,操持家务,日子也将就着过得去,夫妻俩从不向员外提什么要求,两家人也就相安无事。

也合该有事,有一天,上午还是晴天丽日,午后,西北面一块乌云涌起,像扯布幕似的很快遮住整个天空,两声炸雷过后,大雨倾盆而下。这时,一个风水先生正路过洞庭乡,不打紧被淋得浑身湿透,赶忙跑到吴员外家屋檐下躲雨,一边抖索着身子,一边拧着湿漉漉的袖子衣襟,正想坐在门槛上歇息。这时,大厅里盘腿坐在太师椅上的吴员外看到落汤鸡似的风水先生,就大吼一声:"我家的屋檐不是给人躲雨的!"接着粗言野语大声辱骂,又叫来家丁,硬是把风水先生推进风雨中。风水先生倒不生气,脸上反而挂着一丝笑容,摇摇头走了。风水先生朝北拐过一条小巷,刚好遇到从地里回家避雨的郭烈,只见他右肩扛着犁,左手牵着牛,浑身湿透。郭烈看到这外乡人冒雨赶路,赶忙招呼他到家里避雨。到了家里,郭烈顾不上自己换衣服,先叫妻子拿出干净的衣服让先生换上。郭烈换了衣服出来,招呼先生上座,自己沏茶敬客。

闲聊中,风水先生说:"南边的那户人家,好气派呀!"

郭烈笑了笑说:"实不相瞒,那是在下的岳丈,我是他招赘的女婿。我们分开住,相处得还不错的。"

风水先生笑着点点头。

不一会,雨过天晴,风水先生起身告辞,他在这旧瓦房前后转了两圈,回来后对郭烈说:"令岳丈家门口的大榕树,可是吴姓风水的根呀,你每天挑一担大粪去浇那榕树,保管这吴姓兴旺发达。"说完摇摇头,笑嘻嘻地走了。

郭烈是个厚道人,尽管员外对他不好,可他从心底里没有半点抱怨,听了先生的话,心想,能让丈人家兴旺发达,每天挑一担大粪也值得。

从此,他每天都挑一担大粪去浇员外门口的大榕树。苛刻的员外见这女婿整日为这榕树施肥,浪费时间又浪费肥,也不问原由,一气之下,把那榕树给砍了。这榕树被砍掉,员外家不断地生出许多怪事,不断遭受天灾人祸,家道渐渐衰败。郭烈却年年丰收,六畜兴旺,渐渐成了村中大户。村中吴姓人家诸事不顺,无法在洞庭乡立足,好些人家只好移居他乡,有些人家就改为郭姓。

后来洞庭乡就只有郭姓人家,郭烈的后代兴旺发达,元朝时就出了一位进士郭可大,明朝时出了两位举人。因为郭烈原先住在后仓,闽南语"仓"与"村"同音,村名也改为"后村"。现在后村的人口是翔安区各村落之最。郭烈后代也有情有义,后村人过年过节时仍然先拜吴祖再拜郭祖。

曾林曾弟子，无鸡杀老鼠

　　以前，不论在街市或者在路上，翔安人遇见曾林村的人时，就会闪着揶揄的目光脱口戏谑说："噢，你是曾林人，'曾林曾弟子，无鸡杀老鼠，无鸭杀蟾蜍'。"言者无心，听者有意。曾林人听了以后，总是一脸苦笑。

　　原来，曾林村是个穷地方，既不依山又不傍海，祖祖辈辈在浅沙薄地的望天田上打滚，过着衣不蔽体、食不果腹的酸穷日子。在那"佛兴民穷"的年代，尽管三餐难度，可那接二连三的迷信日却是非过不可的难关。

　　农历七月廿日是曾林做"普度"的日子，要是遇上七年一次的"大普"，那破费可不得了。每个房头角落都要搭"姜山"和"肉山"，所有花销都按人丁分摊。两座大"山"的前面一溜摆开数十张八仙桌，放着各家各户的供品。这可是脸面的大比拼呀。

　　富人讲究有钱人的气派，穷人自有穷办法。贫寒人家连人都有养不活，哪里养得了鸡鸭，只好杀了几只用草饲养的瘦兔子，再提前摸黑到水塘边逮些青蛙，也学着别人摆上八仙桌，顾不上丢人现眼。

　　过了晌午，十里八乡的五路客人扶老携幼，如潮水一般向曾林村涌去。一来饱食美餐享享口福；二来看看祭供的壮观景象，享享眼福。太阳西斜，"普度公"案前的场上，已经是人山人海，闹声鼎沸。人们赞叹着、盘算着，这样讲究的排场该花多少钱！那桌兔子和青蛙显得特别寒酸、碍眼，许多人围观着指指点点，争论着那是兔子还是老鼠，那是青蛙还是蟾蜍……听到纷纷议论声，好事的人都向这边聚拢来，一阵阵争论叽叽喳喳，一阵阵嘲笑嘻嘻哈哈……

　　好事不出门，坏事传千里。明明是兔子，只是瘦小点，人们硬说是老鼠；明明是美味的青蛙，人们硬说是恶心的蟾蜍。于是，集体创作了顺口溜"曾林曾弟子，无鸡杀老鼠，无鸭杀蟾蜍"，有的还加上一句"老戏旷旷搬（演）①，大麦糊撒安薯干"②。

---

① 旷旷搬（kòng kòng bunā）：不停搬演的意思。
② 撒安薯干（suà ān zí gunà）：加入地瓜干的意思。

假秀才

明朝时，翔安内厝锄山脚下有一个姓许的员外。这位员外有个公子，绰号叫"土炮"，生来脑筋不会转弯，从不迈出宅院一步，说话办事真谓"土面猪橛"①。"土炮"十六岁那年，父母想给他讨个老婆，成家立业，但他目不识丁，话也说不完整，虽然家境很好，钱财很多，但附近村庄的农家闺女一听到求亲的是这位公子都断然拒绝。这真叫做父亲的许员外寝食不安，最后决定先把他送进私塾拜师求学再说。邻村有一间私塾，私塾先生姓张。这天，许员外请来张先生商榷，择个良时吉日，让张先生收下自己的儿子做学生。

一个雨后天晴的上午，许公子告别父母，背着行李，迈出家门，跟从张先生上了求学的道路。刚走到村口的一座寺庙前，映入眼帘的是一堆牛粪，牛粪上粘满苍蝇。许公子走近时，苍蝇纷纷飞起，许公子叫住张先生说："张先仔②，你看地上一窝'虎头蜂'。"张先生笑着给他解释道："不，那叫做，'护神'粘屎痞③，吾到它飞起。"许公子重复着先生这句话，又出发了。

走出村庄，前面有一块菜园地，菜农为了不让家禽入园损坏瓜果，就在菜园四周的田埂上用竹子编织篱笆，许公子

---

① 猪橛：猪圈，形容人说话土里土气。橛，音"朝"。
② 先仔：先生的意思，闽南语。
③ 护神（hô xǐn）：苍蝇。痞：屎干结块。

好奇地对张先生说:"张先仔,你看,前面有一座长城,有黄色的,也有绿色的城墙裙。"张先生叹了一口气,告诉他说:"不,那叫做'新篱接旧篱,暂渡莽过时'。"许公子把先生的一席话背了下来,继续往前走。

不知不觉走到邻村,前面是环抱村庄的小溪,水哗啦啦地流着,由于刚下过一场大雨,山顶上的黄土被水冲到小溪里,水的颜色黄里夹红。许公子一脚踏上木桥,一脚在溪岸上,忙拉着张先生的衣襟说:"张先仔,你看小溪里流着尽是酒,真可惜呀,我们离家的时候,忘了带个酒桶来装一桶,回去喝个够。"张先生哭笑不得地说:"不,那叫做'流水流通通,水酒不相同'。"许公子又边走边唠叨着:"流水流通通……"

很快来到私塾门口,"土炮"发觉私塾门前的稻田里有几只灰色羽毛的鹅,伸着长脖子,直往稻田里走,许公子停住脚步,紧紧地抱住张先生说:"张先仔,你看,前面有几只猛兽朝我们扑过来了。"张先生耐心地对他说:"不,那叫做'鹅头伸长长,入田要讨秧'。"许公子知道那是家禽,不会伤人,就把背包挂在另一个肩膀上,谢过张先生,转身就要回家,张先生劝他说:"你'斤二'的知识都识不了半两,还是留下来吧!"许公子对张先生说:"我肚子的文章都超过斤二了,家乡人准称我是秀才,讨个老婆没问题。"于是,"土炮"拜别恩师,回家了。

许公子回到村里,进了家门,父母觉得奇怪,忙问究竟。他告诉父母,一路上,张先生把所有的知识都传授给自己了,并把张先生的释语一句句念出来。许员外听了,感到儿子聪明,长进了不少。第二天就登门去找红娘,要她为儿子牵红线,搭鹊桥。几天的工夫,红娘果真为员外物色到邻村一位门当户对的媳妇,很快就确定下结婚的日子。

娶亲第二天,岳家必须宴请女婿。许公子来到岳父家,下轿时,院子里许多帮厨的男女围在一起剥葱蒜,切瓜撕豆,看到新郎官来了,都站了起来迎接。许公子心想,该显示一下自己的才华,念一句诗给大家听听了,于是便大声吟了起来:"'护神'粘屎疮,吾到它爬起。"帮厨的人听了非常恼火,决定在宴席上给这位新郎官一个很好的"款待"。时值中午,宴席准备妥当,女婿桌上,大伙都按位就席,只有许公子的位子上摆着一双竹筷,其余的都摆着象牙筷。此时许公子又开始吟起:"新篱接旧篱,暂渡莽过时。"他的岳父听了,走到桌旁一看,女婿的席位上摆着的是一双竹筷,忙叫人把它换了下来。此时,大门外的鞭炮响了,表示宴席开始了,上菜、斟酒的礼仪同时进行。首先是敬酒,帮厨的斟酒时做了手脚,其他人都是酒,只有许公子是水。眼看要喝酒了,许公子忽然想到小溪里的红水,又念到:"流水流通通,水酒不相同。"斟酒的侍者顿时脸红到耳根,忙解释道:"刚才倒在你杯上的水,是让你先洗一下杯再用酒。"其实,许公子只不过是念张先生那边学到的顺口溜,并无其他意思。没想到,这打破了他们报复新郎官的计划。紧接下去,开始用菜了,席桌上的人把筷子伸向许公子的面前,把铺在盘面上的主料夹走,许公子目瞪口呆,不知不觉念出张先生教的最后一句话:"鹅头伸长长,入田要讨秧。"语音刚落,席桌上的人都放下筷子,再也不敢捉弄这位出口成章的"秀才"。

宴席招待完之后,亲朋好友都到客厅泡茶,许公子的岳父对女婿的才华半信半疑,指着那个古董茶壶,问女婿说:

"你看这茶壶有多少重量?"许公子答道:"斤二(古代一斤是十六两)。"没想到被他猜着了。岳父指着吊篮里熟透的鸡问道:"那只鸡有多重?"许公子脱口而出:"也是斤二。"茶几和熟鸡的体积虽然不同,但重量一样。这时,许公子的岳母从房间走出来,其岳父指着问道:"你的岳母有多重?"许公子不在乎地打量一下说:"也是斤二。"这回,许公子露出了马脚,岳父大发雷霆说:"一个人的体重没一百也有八十斤,怎么只有斤二。"许公子说:"不信,就秤看看。"围观的人拿来秤和大箩筐,让其岳母坐在篮子里,开始秤了起来,没想到秤砣绳子断了,秤砣砸在岳母的肚子上,许公子的岳母顿时魂飞魄散,屁滚尿流,忙从篮子里跳了起来。许公子一看,篮底尽是尿水,拍着大腿说:"浸水的不算数。"众人哈哈大笑。

蒋会魁乘龙船山赴考

　　翔安与金门一水之隔的沿海有个澳头村,约一两百户人家,东南临海,西北傍山,海滨碧海黄沙,顽石奇特,水有客商船舶停靠码头,陆有福泉厦车站,是内地水陆交通隘口。早时,这里是个小市镇,也是澳头居巷南一带农村较为发达的村落。蒋姓祠堂建在前,苏氏祠堂建在后。地理先生有言:东有青狮把东方,西有鳄鱼把水口,南有太武朝宗,北有七星坠地。风水之妙观,难用笔墨表达。

　　明朝时,有应届生员蒋生,人物出众,才华超群。是年省试考场设在福州南台。考期前夜,蒋生在后埔仔顶踱步徘徊,仰天长叹——考期将过,"光明"二字付之流水。他的鸿鹄之志感动了天庭,天帝即命后村龙船山显化为北头船,停泊于海口守候。土地公呼唤:"蒋大人:我等全船都要上南台应试,要去从紧。"蒋生即时下舢板,上大船,土地公叮咛蒋生闭眼不得声张,随即启锭扬帆,向北矢驰而去。蒋生只听得耳边风水之声交错,船乘风破浪前进,天亮时果然到了福州南台,赴考生员俱已到齐。蒋生迟到,守门史视蒋生为迟到蠢材,不让进场,二人正在喧闹,惊动主考官出来动问,经诉说情由,主考官说要出个对,倘若对得通,让你进去。主考官出对曰:"急水流沙粗在后。"蒋生应口对曰:"狂风吹谷细当先。"主考官认为对得甚妙,即让他进场考试。出榜之期蒋生果中会魁。这一传说现仍在民间广为流传。

南宋帝昺驻跸演绎翔安地名

南宋临亡,主战派宰相陆秀夫护送南宋幼主由浙闽欲投奔泉州府,泉州守将见南宋大势已去,暗中降元,因此闭城不纳。陆秀夫只好派张世杰带兵断后阻止元军追赶,陆秀夫护幼主沿小盈岭驿道进入今翔安地面。

小盈岭是同安东面的天然屏障,易守难攻,乃兵家必争之地。这样的地理条件给帝昺歇脚喘息的机会,帝昺因此驻留当地,留下许多传说,其中不少地方因此形成固定的地名。

店头村

距离内厝镇政府驻地三公里,乌营寨山前,帝昺在此驻扎军队,设有店铺,供兵士购物,故村名叫店头。

马池内村,在店头村北面,两村相距一百多米。在村的西北面有三魁山,出米岩前山麓上有一池塘四面皆石,泉水从石缝中流出,大旱不涸。帝昺的军队战马都在此饮水,因此得名饮马池。附近设有马舍,帝昺败走之后,遗弃的马舍形成村庄。

官路下村

距内厝镇政府驻地两公里,在出米岩前西南面,相传帝昺军队驻扎于新圩镇境内的金排寨山至小盈岭,此地为中心地带,大部分官员都住在这里,人称官僚下。由于方言谐音,官僚下被说成官路下。

出米岩

距离内厝镇政府驻地三公里有出米岩,远看如猫。半山腰有巨石,是猫脸,耸立的秀丽峰峦是猫的脊背,当地群众称为"猫弓龟"。巨石裂缝形成一条一米多深的石洞似猫嘴,猫脸下面有一古刹,供奉着保生大帝。相传帝昺败军到此,粮食缺乏,保生大帝知宋室还未到彻底灭亡的时限,于是命此猫到泉州府官仓中偷运大米。每日多少人吃饭,猫嘴就出多少米。因为巨石会出米,后人就把巨石称做出米岩,古刹叫做出米岩庙,庙宇前墙有一石刻——"幼主帝昺宿此地"。清代诗人陈德辉有"南来行国尚称君,鬼护神输总异闻,华盖仍留山上石,苍林疑住殿前军"的诗咏。庙中及周围能证明帝昺及驻军踪迹的文物都在"文革"中被毁。帝昺败走广东后,庙中有一贪心小和尚用竹竿捅猫嘴,意要多出米,除能饱食三餐外,还能把多余的米拿到店头铺出售。小和尚的贪婪触怒了保生大帝,即命土地山神将粮道堵死。故当地群众有"出米岩和尚——想多连少无"的谚语。

御罗石

离开出米岩庙,至三魁山脚下,可见五色斑斓的石头。相传乃帝昺军队败走时,随行宫人遗下罗巾变化而成。清代童肯堂有"妃嫔难忘幼主恩,龙飞播越崑南辕。罗巾遗下千秋恨,拳化生来彩色痕"的诗咏。最后一句是对山坡上裸露着的石头颜色最形象的描述。

宝盖峰

出米岩东畔有一山峰,原名叫铜钟峰,山前一马平川,大海村庄尽收眼底。山上苍松劲柏郁郁葱葱。相传幼主经常在此乘凉,观赏山前大自然的无限风光,思念宋室失去的大好河山。后人因此把铜钟峰改叫宝盖峰。

五议洞

出米岩山后有一石洞,洞中有两块石头形状如床。因宰相陆秀夫为首的五人经常在洞中议论大事而得名。清朝诗人林应龙的诗"五臣姓字半遗忘,洞里筹谋喜对床。一身龙鬓攀断后,云山终古自苍苍"可为证。

七里村

小盈岭山下顶沙溪至出米岩有七里路,出米岩西北面是新圩镇的七里村。当年帝昺的军队大都部署在翔安区的内厝马巷、新圩境内。出米岩是政治中心。帝昺败走之后,宋室旧臣不远千里自江浙入闽沿幼主逃跑路线寻找帝昺。到达小盈岭南安县地面,探听到幼主是在沙溪前七里后。旧臣自沙溪至出米岩前来寻找探听帝昺去向,由此得村名。

营盘口

出米岩西北距七里村约半里路,相传是帝昺军队"七里营盘"的出口,现被开辟为荔枝园。当地群众在劳作时偶尔能捡到古兵器残余。

御宅

金牌寨山脚下,在新圩镇境内。金牌寨面积不到三平方公里,据传北宋名将杨文广平闽南十八洞时,金牌寨是其中之一。幼主帝昺在到达出米岩安营扎寨后,为缅怀先辈的丰功伟绩,曾经到过金牌寨山下,该地因军队驻扎而得名。因方言谐音,当地群众称御宅为牛宅。

沧海桑田,历史变迁。但与帝昺有关的村落、地名流传至今,成为人们茶余饭后的趣味话题。

金柄黄氏迁自泉州

金柄黄（即东黄）始祖黄守恭，居泉州开元寺，富甲一方，好善乐施，人称长者。唐垂拱二年（686年），有一天，黄守恭做了个梦，说有僧人欲化缘其宅为寺。黄守恭慷慨答曰："待桑树开莲花乃可耳。"过了几天，他家宅院里的桑树开了朵朵白莲花。黄始祖感于菩萨之灵应，决定弃宅为寺，寺名曰"莲花寺"，之后改称"龙兴寺"。唐开元间，寺名改以年号命名为"开元寺"，聘请高僧匡护主持。

黄守恭生育有四个儿子，舍宅为寺后，他向匡护卜问，日后四个儿子如何择居。匡护大师问其曰："乃翁欲令子孙聚富贵乎，抑或世世安乐勿绝乎？"黄始祖抉择后者。于是，匡护大师为黄之四子择地"四安"。长子黄经居于南安芦溪；次子黄纪住惠安锦田；三子黄纲迁安溪参山岭下；四子黄纶徙同安（今属翔安）新圩金柄村。四个儿子所居之地县名后均带"安"字，故又称"四安黄"。

据传，黄四子分居时，匡护大师捏了四匹泥驴，取出铜钹，将其击裂成四块，分送给四位兄弟。黄始祖还撰写了一首"认祖诗"：

骏马登程往异方，任从随处立纲常。
汝居外境犹吾境，身在他乡即故乡。
朝夕勿忘亲命语，晨昏须荐祖前香。
苍天有眼长垂佑，俾我儿孙总炽昌。

黄始祖把这首诗镌刻在铜钹片上,四子临行时,泥驴忽然化成大白驴,昂首奋蹄,各赴所居地。泥驴离去时,顿时天空紫云盖顶,故四兄弟的分堂号均称"紫云"。

　　黄纶初徙入同安,至马巷曾林,认为此地既不依山又不傍海,不合心意,又策驴前行,直至金柄,黄纶仍感不足,但驴任策不行,乃定居金柄。年复一年,金柄周边人口达近万人,金柄黄成为当地巨族,且丁财两旺,文运崛起。黄纶的第五个儿子黄文彦于唐肃宗时登进士,任监察御史;第五代黄光龄登贞元三年(787年)进士;黄文炳仕至太仆寺卿;宋绍兴二十七年(1157年),黄万顷登进士,官至安抚使;明有南雄知府黄伟;清时,武举黄复初、黄文照誓不仕清,人称"黄布衣",隐居雪山岩,死后棺木用山藤捆绑吊在读书楼梁上,表示"头不顶清朝天,脚不踏清朝地"。黄文照生前在金柄筑石邦圳,引溪园山涧之水,灌溉金柄万亩良田,造福子孙后代。

林百万与梳妆楼

繁华已逝

马巷的三乡街有一栋豪宅,是林百万的故居,人称梳妆楼。这幢三进式的闽南大厝,虽然破旧不堪,但气派不凡。厅堂的横梁和斗拱上,精美的贴金木构件彰显房屋建造者当年的富裕。马巷林家是明朝隆庆间迁入的莲塘林程道家族,到林芳德已传至第六世。林芳德经商致富,家资万贯,富甲一方,人称"林百万"。林芳德在三乡街建造了梳妆楼,建成数十间店铺,打造出马巷早期的商业中心。林家还与康熙朝名相李光地家族两次联婚,成为马巷第一望族。林芳德好善乐施,曾捐百金重修同安梵天寺后的文公书院,倡改岳口理学名宦林希元石坊,施棺十年以千计。

幽怨梳妆楼

错下瑶池觅旧缘, 埋沉幽谷自萧然。
移根九畹香谁惜? 纫佩三秋意共怜。
瘦影凄凉悲露湿, 残妆零落伴霜眠。
冰枝羞染黄泥污, 枉抱芳心度岁年。

这首闺怨诗出自清代李光地从弟李光墺之女李倩之手,诗题注"栖云楼下见菊花有感",从中可看出李小姐的哀怨悱恻和不凡才华。注中的"栖云楼"就是林百万为儿子林中桂迎娶李倩而修造的"梳妆楼",该楼走廊铺以六角石砖,走廊两头各有石拱门，门上镶有青斗石门额，一曰"拱辰"；一曰"迎熏"，系安溪名人李鸿翔所书。梳妆楼原有五进，前有鱼池，后有果园，规模宏大，豪华富丽。几经变故，只剩下两进，但看现存两进建筑中那些精雕细琢的构件，仍能猜想出这一地区当时的繁华。

据说，李光墺从京都到同安巡视，暂住小盈岭驿馆，林百万得知，以红地毯铺道，金盆银床接待，极力炫耀豪富。林百万工于心计，明知儿子长到二十来岁，字识不了几个，不通事理，但却花钱给儿子捐了个贡生，想借此机会攀门高亲。他早听说李光墺有个才貌双全的女儿，于是灵机一动，请家道贫穷却又知书达理的陶姓青年假冒自己的儿子来侍奉李光墺，李光墺见"林公子"温文尔雅，善解人意，对答如流，十分喜欢。临别时，"父子"两人匍匐恭送，林百万提出亲事，李大人竟答应将女儿许配给"林公子"，两家结为亲家。

李小姐下嫁林家之后，始知夫君并非父亲所见的"林公子"，林家的这个公子爷，除了懂得花钱之外，似乎别无所长，与饱读诗书的李倩志趣格格不入。一身才华的李倩嫁到林家后郁郁寡欢，终日在栖云楼以写诗和梳妆度时，终于积郁成疾，不到三年便忧郁而死，可谓红颜薄命。

善恶有报

林中桂迷信风水地理，他在楼上饮酒作乐，夜里见前面印斗山上有火光，风水先生为了讨好林中桂，谎称这是"天子祥光"。翌日，林百万派人到山上查看，果真挖到皇冠龙袍，殊不知这是风水先生事先埋好的。风水先生趁机煽动林中桂大兴土木，修盖宫殿式的房屋，建造练兵驯马的演武堂，准备"登基"。林中桂沉浸在当皇帝的美梦里，哪知林家大祸临头？

据说，有一位莆田来的补蒸笼匠，长年在马巷一带修补蒸笼。这一年马巷闹旱灾，农业歉收，百姓三餐难度，哪有多余的粮食蒸糕做粿。补蒸笼匠一年辛辛勤勤地叫补，还是挣不了几个钱。眼看年关已近，身上又无多少积蓄，权衡再三，他虽思家心切，也只好放弃回家的打算，把仅有的钱寄回家去。那天已是十二月二十八日，他还在林百万的后花园边叫补蒸笼。叫声惊动了林夫人，林夫人问："年关已至，大家都回家过年了，为啥这个修补匠还在叫补？"就叫婢女前去询问。补蒸笼匠伤心地说："年景不佳，收入微薄，无钱回家过年。"婢女进房回话，林夫人十分同情，随即叫婢女拿出十两银子送给补蒸笼匠，吩咐他立即回家和家人团聚。补蒸笼匠千恩万谢，如鸡啄米似的连连叩头辞别林夫人，即刻束装起程。

补蒸笼匠当夜来到泉州城，时近午夜，正准备找地方休息，忽见街上有军队在行动，心想，要过年了，到底出了什么事？一打听如晴天响了个霹雳，原来是有人向朝廷告发林中桂盖宫殿式房屋，皇上要治林家"图谋不轨"之罪，派军队往马巷查抄林百万的家。补蒸笼匠心急如焚："林百万是我的大恩人，今天他家遭此大祸，我岂能见死不救，应该赶在军队之前向恩人报个讯，以避灾祸。"补蒸笼匠顾不得一天的劳累，更顾不得回家过年，连夜掉头就跑。一路上风风火火、跌跌撞撞，终于在二十九日中午时分赶到马巷。马巷街沉浸在过年的热烈气氛中，人们忙碌地准备围炉团聚。他径直往林百万家闯,上气接不上下气,前言搭不上后语,把前后经过向林百万说了个详细。林百万一家人像热锅上的蚂蚁,急得团团转,想不出一点办法。还是老管家老成稳重,沉着干练,提议马上召集马巷街的乡绅共商对策。经过乡绅的紧急商量,决定林百万全家暂往安溪姻亲李光墺家避难,立即启程。乡绅们安排,把宫殿式的房屋改为"通利庙",请来保生大帝供奉,又把演武堂改为书院,迎进朱文公神像,通知全境善男信女准备牲礼供品,在凌晨子时到通利庙举行安奠。大家忙了一阵子,直到深夜,才算完毕。

  军队直到凌晨才抵马巷。这时通利庙已车水马龙,人烟沸腾,鞭炮响彻云霄,人们正在烧香膜拜保生大帝。钦差一看是一座神庙,哪里有什么皇宫,大家像泄了气的皮球一样,大骂打小报告的佞臣。林百万一家也已经人去楼空,慑于保生大帝的神力,他们只好放一把火烧掉梳妆楼的前进,回朝缴旨去了。林夫人做梦也想不到,十两银子使林家幸免了一场浩劫,林芳德还能回马巷继续当他的"林百万"。

妈祖宫口托铁锭

翔安区新店镇澳头村东南海滨的广应宫（即妈祖宫）建于明万历年间，距今有四百多年。

据传说，妈祖宫口的海滩上放着"南船号"的两门大铁锭（锚），大铁锭重五六百斤，小铁锭重三四百斤。

传说澳头村有一姓蒋的勇士，孔武有力，为人谦虚。

澳头有一自然的港口码头，水陆交通甚为方便，是闽南华侨出入的重要交通港口。每年春节，从正月初一至十五日，以及每年的农历三月廿三日妈祖圣诞日，家家户户均备糕枣虔诚庆祝并公演闽剧助兴，同时举行各种活动，各乡社的武术队都集中在澳头社，互相观摩表演，献艺比赛。

乾隆五年（1740年），澳头蒋家五个房族共出船二十五艘（每艘重三千多担），载货到辽宁省锦州、天津、烟台、秦皇岛等地进行贸易。为了提早出航，即在农历正月十三日，提早为天上圣母供奉。回乡的人都要妆人骑马进行"蜈蚣阵"、"宋江阵"等各种民俗技艺表演，同时展出从北方带回的纯棉编织的棉衣、棉袄、棉帽等。大赛会时，万人空巷，除了迎神赛会外，尚举行余兴的节目——托大旗、举重……

有一次，一位外来的"大力士"在妈祖婆宫门口的海沙滩上，当众表演。那位"大力士"双手托起小铁锭，高举在头顶，当众展示力气，举起后丢下铁锭，便把双手叉在腰间哈哈大笑，大有睥睨一切、目中无人之气概，博得各乡前来参加赛会的观众的热烈掌声。

正在此时,突然从人群中走出一个彪形大汉,慢步走向一百步外的铁锭,当即引起万人瞩目。原来他就是澳头本乡人蒋勇士。说时迟,那时快,只见他袍角一拧,不慌不忙一蹲下去,就将大铁锭举上头顶,走到小锭边轻轻放下,面不改色。

观众掌声雷鸣,喝彩连天,只见蒋勇士微微一笑,双手一拱,说了声:"小弟见笑了!"然后扬长而去。

"大力士"大惊失色,灰溜溜地钻进人群中消失了。

这年正月十五元宵,这个"大力士"不甘示弱,天刚一亮,乘游人不多之际,偷偷带来几个好友,跑到沙滩的铁锭前,一下子就把大铁锭举起来。同来的好友高兴得跳起来,大喊:"好啊!好啊!"观众越来越多,报以热烈的掌声。紧张气氛引起本乡人的注意,一传十,十传百,前来围观的人不下数百,蒋勇士闻讯又来到妈祖宫口的沙滩,但他这一次不露面,藏身群众之中,尽管耳边传来阵阵的挑战声,但他并不贸然出场。经不起好友的怂恿及围观观众的热烈鼓掌,"大力士"再次举起大铁锭,一时掌声雷动,喝彩声和海浪声汇成一片。

没想到,"大力士"只走了十多步就将铁锭朝沙滩上一丢,喘着大气,脸色铁青。

观众有的为他担心,窃窃私语,但大多数观众哪肯就此罢休。为了面子,"大力士"再蹲下身子,使尽平生力气,又把大铁锭托举在头上,朝着小铁锭方向勉强移步前进。那些好友们欢喜若狂,不断夸耀:"大家看到我们的'大力士'的神力了……"话音刚落,只见"大力士"口吐鲜血,脸色如土，倒在沙滩上。顿时秩序大乱，好友们正在焦急时，忽然人群中有人喊"蒋勇士来了"，蒋勇士挺身而出，抢救"大力士"，协助"大力士"的朋友们把他背回家去。

大嶝女的红头巾

朱熹任同安主簿时,曾深入沿海,到金门采风,在金门传播大陆文化,使金门"无地不开花",文运崛起。朱熹看到沿海妇女抛头露面,风吹日晒,即不雅观,又不利于健康,他设计了一种红头巾,让老少妇女出门必以巾蒙面,推行后成为地方习俗,人们称这种头巾为"朱文公巾"。妇女们在海边滩涂劳作,朱红绵织的头巾如火团一般飘动,煞是壮观,给蔚蓝的大海增添了不少情趣。

在大嶝,这种红头巾被称为"望夫巾",这里头有一段凄凉的传说。

大嶝渔民以航海、捕鱼为生,俚语说"行船跑马三分命",丈夫出海,妇女们经常提心吊胆,等到安全归航后才放心。村子里有五个青年人如亲兄弟,经常结伙下海,他们个个英俊又帅气,媳妇也都标致灵气。其中有一个渔夫名叫小青,媳妇不但如花似玉,而且温柔勤劳、心地善良,十分体贴丈夫。

每逢丈夫出海,这五个渔夫的媳妇都要结伴到海边翘首等待。不管这一潮是满载而归,还是空仓而回,她们都高高兴兴,认为平安归航就好。每次返航,她们都会围着丈夫问长问短——"饿了吗,累了吗?"真是亲情融融,关怀备至,大有"一日不见,如隔三秋"之感。然后帮丈夫扛着海鲜一起回家。

特别是小青媳妇,每次到海边崖石上望夫归,都要戴上自己染织的朱红头巾,好让丈夫一眼就认出自己。

有一次,五个小伙子又一起出海,不料一时天变,起了台风,狂风夹着暴雨,波浪滔天。在家的媳妇们都捏了一把汗,心慌得紧,赶到岸边的最高处,默默祈祷神明保佑丈夫平安归来。然而天不从人愿,不幸还是发生了,在劈风斩浪驾船的归途中,不幸船翻,小青落海身亡。帆船艰难靠岸,只剩四个人。小青媳妇得知消息时悲痛欲绝,一跃从崖石上跳下波涛汹涌的海中……

小青媳妇被汹涌的海浪卷走了,只有那条火红的头巾还在波涛中漂浮。

此后,四个小伙子照样一起出海,四个媳妇照样结伴到海岸边望夫归,只是她们四个人的头上也都不约而同地戴着红头巾……因此大嶝一带把"朱文公巾"称为"望夫巾"。

误田园

新圩镇的村尾村,原名叫做"误田园",这个村名有一段神奇的传说。

宋朝年间,距离这个村子五里多路的大帽山中有一个天然的岩洞,洞里住着一位法师名叫杨昭应,他能呼风唤雨,人们叫他"呼雨仙"。但他心术不正,常常作弄人家,村上的妇女浆纱后,刚拿到门口晒太阳,他就作起法来,洒下花枝水,雨就来了,把人家的棉纱都打湿了,因而当地的妇女骂他是"鬼仔应"。杨昭应觉得自己应该成仙,不能让人叫鬼,于是就到安溪桂窑修道,后来果然得道成仙。但他走后,当地常常干旱,老百姓反而思念起他从前施法唤雨的好处,于是就派村里一位老大(老人)到安溪请昭应大师回来解救旱情。

这位"老大"到了安溪,向昭应大师叙说了旱情。昭应大师深表同情,答应帮忙,但又不能离开仙洞,所以就备办了三个小竹篮,上面盖得严严实实,交代"老大"把三个篮子挑回去,叮嘱"老大"路上千万不要随便掀开盖子,到了"田洋"才能打开看。

"老大"肩上挑了两只竹篮,手里又提了一只,辞别了昭应大师。在回家的路上,"老大"越走越感到奇怪,怎么三个小竹篮越来越沉重,里面到底装着什么东西?他倒也谨记大师的话,不敢轻易打开,好不容易来到了西北的"田洋",

忽然记起大师的话，赶紧打开手里提的那只篮子。一看，原来里面装的是牛屎，"老大"心里很生气，骂昭应大师作弄人。他一不做二不休，又打开第二只篮子，里面装的是草木灰，一气之下，就把牛屎和草木灰倒在路边的田地里。当他掀开第三只竹篮盖子时，里面钻出一个雷公，"轰"的一声巨响，接着下了一场瓢泼大雨。

"老大"吃惊不小，两手空空，不好意思直接回家，只好返回安溪，向昭应大师叙说路上的一切。昭应大师听了叹叹口气说："这下可误了你们家的田园了！"原来牛屎、草木灰是要让这个人挑回家肥田，雷公是要让他在家乡唤雨的，这样家乡的田地有肥水，便可以成为旱涝保收的"田洋"了。可"老大"心急，还没到家就把三样东西放在田洋，结果同安城郊田洋社这个地方经常打雷下雨，成了土地肥沃、雨水充足的好地方，村尾土地贫瘠，十年九旱，应了大师的话，所以就叫"误田园"。

东园"孝高唐乳"的由来

新店东园村的祖祠立有一匾,匾上书"孝高唐乳"四个大字,其中有一个动人的故事。

明朝嘉靖十七年(1538年),马巷镇城场村人林勋考中贡生,后任广东海丰训导,其女适民安里十都东园村张氏八世张腆为妻。张腆字了昭,号东园,喜诗文,识地理,人称"东园博士"。张腆为人谦虚上进,为增长学问,外出游学。游学期间,林氏与婆婆陈氏(金宅村人)在家纺纱织布,相依为命。林氏善良孝顺,事事服帖,处处关爱婆婆陈氏。邻里乡亲都称赞她是贤惠儿媳。

明正德年间,宦官弄权,朝政腐败,海防松懈,倭寇乘机入侵,骚扰我东南沿海,大嶝、东园、内厝一带多次惨遭"三光"洗劫,生灵涂炭,民不聊生。正德九年(1514年)二月二十日,倭寇又一次窜犯东园村,全村男女老少事先闻讯,皆撤往鸿渐山避难。陈氏抱病卧床,寸步难行,林氏又背不动她,没办法和村民一起逃难,只得在家暗自祈祷。杀人不眨眼的倭寇一路洗劫,后闯入其家,抽刀欲杀抱病卧床的陈氏。林氏不顾自己的安危,扑身上前,覆于陈氏身上,哭泣着哀求倭寇勿伤害婆婆,愿以身代死。倭寇百般恐吓未果,遂残忍地杀害了林氏,但为林氏的孝心所感动,最后放了陈氏。

倭寇离开后,林氏婆婆悲痛万分,伤心欲绝。避难村人相继归家,听说之后亦唏嘘不已。陈氏感念儿媳林氏的孝心,命人封柩放置于堂上,并请道士做"功德",晨昏烧纸祭奠,直至张腆游学归来。嘉靖六年(1527年)十二月十二日,陈氏驾鹤,婆媳合葬于东园村墓前山,其墓穴为一风水宝地,穴名"鹊鸟衔柴"。理学名宦林希元为其题墓碑曰"灾祥顺受,体魄永绥",东园张氏称该墓为"孝妇冢",至今仍保护完好。东园村人还在东园祖祠为林氏立匾,匾上书"孝高唐乳"四个大字。林氏孝妇的故事遂在民间流传开。

新圩窟·诗坂巷

翔安的新圩和诗坂两村相隔不到一里地，人们常形容这两个村庄说"新圩窟，诗坂巷"。意思是说，新圩地下洞多，诗坂路径曲折复杂。这简单而又形象地概括了新圩和诗坂两个村庄的地理特点。

先说新圩窟。据说明嘉靖年间倭寇骚扰福建沿海，有一股倭寇竟然占据了大帽山，经常到新圩烧杀掳掠。为了避难，老百姓家家户户深挖洞，年代久远，洞口封没，以致今建房挖基，经常会挖到地洞。有的房屋建起来，还不知道建在洞上，觉得地下咚咚响，或者下雨时，雨水从一个小洞口流进去，老是灌不满，大家觉得奇怪，用锄头一挖，挖出一个洞来，黑咕隆咚，深不可测。曾经有人用三四支竹竿接起来探测，仍深不见底。其实，人为挖洞的可能性不大，因为避难的洞没必要挖那么深。有一种解释是，新圩是红土地层，含较多的钙质，钙质易溶于水，溶液流失，土壤塌陷，形成地下洞。但红土地层中的钙比石灰岩层少，因此，石灰岩洞滴下的溶液会凝固，形成钟乳石。

再说诗坂巷。旧社会新圩地区土匪多，加上蔡、黄、陈三大姓互相械斗，诗坂的老百姓就有意识地把房子的坐向搞得很复杂，门口互通，小巷交叉，路径突然被一座房子塞死，外人不熟悉路径就会误入死巷，便于村民自卫。村里的路，就像《水浒传》描写的祝家庄——"尽是盘陀路，容易入得来,只是出不去"。抗战后期,国民党反动派准备打内战,打着抗日的幌子,到处抓壮丁。有一次,九个国民党兵到诗坂强行抓丁,引起村民震怒,大家揭竿而起,拿起锄头扁担,躲在巷旮旯、墙旮旯、门旮旯里,把九个国民党兵干净利索地消灭掉。解放战争时期,平和县武装部政委陈诚志曾在诗坂秘密筹建人民武装,于同安解放前夕,越过村后"白云飞"山岭,走上大帽山,正式宣布成立同安闽西南地下党领导下的大帽山武工队。

供奉在桌案下的土地公

大帽山山麓的新圩镇风路村御宅社里居住着牛氏家族,故称"牛宅村"。

宋末帝昺祥兴二年(1279年),陆秀夫、张世杰在漳州畲族农民起义军陈吊眼(名大举,诏安太平乡白叶村人)和许夫人(陈吊眼之姑母,畲族起义军首领)的帮助下,准备攻打收复泉州城,可是叛将蒲寿庚(原宋代泉州提举市舶司)有元军的支持,起义军一时攻打不下,只好彻夜绕小盈岭进入同安,驻扎在新圩、内厝一带的山村。有一天,末帝一行来到地处大帽山麓的新圩镇风路村牛宅村,发现这个偏僻的小山村里家家户户都设香案迎接他们,甚感惊讶!末帝心想:"今天纯属秘密的军事行动,为什么元兵尾随紧追,是谁泄露的军机?"末帝心急如焚,马上令太监叫来当地耆老,耆老们不约而同一齐指向中案桌上的土地公。末帝一时盛怒,用扇子把土地公扇落案桌下,大骂土地公饶舌。从此御宅的土地公一直供奉在案桌下,这是别地绝无仅有的。

当晚耆老找不出什么佳肴来款待末帝,因为该村地处穷山僻野,只好令人到村里的水塘捕捞鲫鱼给末帝做菜。末帝饥不择食,连连颂赞:"这鱼白肠白肚,没有臭泥味,好吃好吃。"想不到这样一说,该村这口潭池所生产的鲫鱼竟真的与众不同,白肠白肚,直至今天仍然比其他地方的鱼好吃得多。

霄垅忌演木偶戏

霄垅村郑氏于明时迁自大嶝镇田墘村,田墘村郑氏始祖系南宋绍兴年间诰封四门都统使郑柟之后裔郑嗣祖。郑嗣祖生有两子,长子郑福迁居晋江市后库社,次子郑外住田墘。郑外英年早逝,留下一男一女,男叫郑文曲,字世昌,号萧山,尚在襁褓中,其姐郑万娘年仅十岁,姐弟俩相依为命,孤苦伶仃,后迁新店镇霄垅投依亲戚。万娘为抚养胞弟,断发长斋,誓不适人,辛勤纺织,节衣缩食,供文曲读书。眼看着弟弟一年年长大,该物色婚配了,万娘心里很高兴。屋檐上有斑鸠鸟筑巢,产卵孵化,孵出两只小鸟,雌雄斑鸠日夜辛勤觅食,喂养小斑鸠,万娘不思惊动它们,还加以照顾,在雌雄斑鸠鸟腿上扎上红纱线作记号,小鸟长大羽毛丰满,竟一飞而去,再也不回来。年复一年,老斑鸠年年生卵孵养,都独来独往。万娘心想斑鸠如此不义,一经长大,自飞而去,触景生情,是不是预示着弟弟将来成家后……她不敢再想下去。万娘连连几天脸无笑容,举止不定。文曲见姐姐这样,心想姐姐一定有什么心事,每每好话安慰。可万娘越想越深,想到将来老了,弟妇是不是肯事孝道?自己十多年苦心,现在弟弟快成家立业了,责任也尽到了,对得起九泉地下之父母。于是,她拿条绳子,悬梁自尽了。后来,萧山成了家,立了业,重振家风,成为当地名人。为感念郑姐之苦心,建祠奉祀,春秋二祭,族人尊她为姑婆祖。现霄垅郑氏宗祠就是奉祀姑婆祖的祠宇。萧山婚后生三子，收养二子，分五房。传至第四世孙，郑长华、郑长旺、郑长荣（属长房）、郑晚胜（属二房）、郑振成（属三房）再迁回田墘社，在田墘社发展成为大族,郑义宗（属四房）衍山头社,郑团宗衍湖边社（属五房）（该社郑氏已外迁）。故田墘郑氏同样纪念姑婆祖，每年正月初五，都要备下丰盛祭品，演高甲戏、芗剧追念姑婆祖，生男孩的还要抱上孩子来祖祠拜祖。祠宇里有对楹联"三岁失父五岁亡母一弟之只影单形诚难顾复　十六辞婚七十垂老双鸠之寄草孵化实兆休祥"，此联写在田墘郑氏祠堂，因田墘郑氏都是萧山的子孙。"萧"字冠上地形垅，就成为地望，后"萧"字谐音成"霄"。

　　霄垅郑氏后人立下乡规，严禁乡里演木偶戏，因闽南称悬梁自尽为"吊傀儡"。

贡义买"肚财坝"

相传很早的时候,新圩镇村尾村曾有座姑娘宫,奉祀一位姑娘神。有个道士来到这里,认为这是"美人照镜"的风水宝地,就四处化缘,在姑娘宫前建了座水坝当镜子,好让姑娘神梳洗打扮。人们把这坝叫作"道士坝"。

后来,有位当过道台的施将军在此驻扎练兵,把水坝据为己有,"道士坝"因而变成"道台坝"。

施将军离任时,带不走水坝,要当地百姓拿钱买下这座水坝。这年遇着大旱,土地龟裂,那救命的水却闲锁在坝里,人们拿不出钱来,只能眼巴巴地望着那水坝里的水长叹。这时,天赐白银的黄贡义带着一肚兜子白银为众人买下这座水坝,于是"道台坝"易名"肚财坝"①。

据说,这水坝的水能灌溉二百五十余亩地,可水坝的水得经过施坂(诗坂)的地界。贡义和施坂的老大及田主商量水路,施坂人愿让出水路,但要贡义在一夜里成渠。贡义召集村里人事先划定水沟路线,组织好人力,定好日期。到了黄昏,挖沟渠的人沿划定的水路排列,同时开挖,贡义则抬着烧酒到施坂设宴请老大和田主,还送了礼。席间,贡义提出今日要挖水渠,施坂人坚持要贡义"一夜成渠"。宴席散后,贡义请施坂的人看渠路。到了田里,只见水渠已成,却不

---

① 肚财:肚脐,闽南语。此坝形状似肚脐,中间有一深孔。

见一个民工。施坂的人没啥说的,只得称赞贡义能变神通。这水坝的水救活了几百亩庄稼,也救了村民,众人都感谢贡义好心肠。

贡义八十岁了。有一天,风雨交加,贡义病在床上,朦胧中听到有人叫:"贡义伯,坝要崩了。"贡义顾不得重病缠身,下床拿了支长烟筒当拐杖,一步一颤地来到水坝前。众人看见贡义来了,都焦急地喊道:"如何是好,坝要崩了。"贡义说:"不怕,贡义在,坝在!"说着在堤坝上走了一趟。众人拼命喊叫:"贡义伯,坝都摇了,不能去呀!"贡义面无惧色,边走边说:"贡义在坝在,贡义在坝在。"当下组织众人加固堤坝。

不久,贡义去世了,坝也崩了,坝里的水一泻千里。过了几天,人们发现在离水坝二里地的甘蔗园上空,一群乌鸦盘旋着,时而冲下,时而飞起。人们以为蔗园里躲着老虎,都不敢近前。又过几天、乌鸦不见了。到砍蔗的时候,人们带着打虎的工具,在蔗园附近鸣锣打鼓,呐喊一通,不见老虎的踪影才开始砍蔗。进了蔗园发现有一条鲢鱼骨骸,长度横跨三畦蔗垄。原来,"肚财坝"崩时,坝里的大鱼逐流而出,搁在蔗园里出不去了,于是乌鸦来啄鱼肉吃。肉吃完了,只剩下一具大鱼骨头。有个农民还取了节鱼脊骨回家当舂臼。

如今,姑娘宫和"肚财坝"的遗址还在,黄贡义和"肚财坝"的故事也还在新圩人的口中流传着。

金头遗梦

相传明正德年间，翔安后村郭家有两个女儿。彭厝的彭钦广（人称福建"财王"）与理学名宦林希元同时爱上郭家大小姐。但姐姐爱才胜过爱财，最终选择林希元。无奈之下，彭钦广只好与郭家二小姐结为夫妻。林彭结为连襟，但彭钦广仍然心怀妒恨。

彭钦广家财万贯，富甲天下，奴婢成群，庭院数座，出门奴才用轿抬着走，三餐山珍海味；林希元出仕前家贫如洗，上私塾学堂教书，老是穿着打补丁的长袍，为了填饱肚子，维持生活，妻子常常披星戴月下地劳动，苦不堪言。林彭两家家境之别，如同天渊。

有一天，彭钦广大清早就来到林家做客，发现大姨子刚到地里挖地瓜回来，裤底下被露水给弄湿了，他冷嘲热讽地说："大姨大姨，当初你如果嫁与我，就不会今天屁股'持持'（'湿'的谐音）。"大姨子听了这番无礼之言，泪流满面，跑进房间，满肚子怨气。林希元回家时，妻子一五一十地向他倾诉受辱的经过。林希元发誓与彭钦广断绝关系，两家再也不往来，结下不解冤仇。一向不喜欢高攀依附富贵人的林希元因此辞教，勤奋攻读。正德十二年（1517年），林希元登进士，后来授南京大理寺评事。

正德九年（1514年），彭钦广因一时火起将手上一块碗往门外甩过去，打中长工的脑袋，长工不幸送命。彭钦广被捕囚禁在泉州府监狱,听说林希元中举当了京官,彭妻便赶紧去找姐姐,让她找林希元帮忙,赦免彭钦广死罪。林希元不计前隙,亲临监牢探望彭钦广,可彭钦广不知情,反而认为林希元要加害自己,不理林希元。

　　眨眼又过了好些日子,一个雷电交加的下午,午时三刻,泉州知府将彭钦广手镣脚铐,脖子上套上枷锁,押出牢房欲斩首示众。林希元率着几位钦差路过,一眼认出自己的襟弟,便走过去苦劝几句:"襟弟,你不能执迷不悟,否则你年头杀死人,年尾放火烧屋。"彭钦广转身用木枷撞向林希元。林希元怒骂说:"畜生,人谓江山易改,本性难移,是你该死的时候了。"其部下立即拔剑砍下彭钦广的脑袋,彭钦广就这样成了无头鬼。正德皇帝慕名赶来福建,意欲"人王"召见"财王"。等他赶到泉州府,彭钦广已被处死。皇帝大为痛惜,追封其为"财王",钦赐御葬,赐予黄金打造的头颅和一百具棺木,只有一具内装金头颅,其他九十九具是空的,殡葬仪式结束后沿途埋葬。因此,迄今四五百年,钦广墓在泉州、金门的大小山头处处可见,但有黄金头颅的那个墓葬在何处?令人扑朔迷离。

兜面的由来①

俗话说巧媳妇难为无米之炊,翔安却有一个巧媳妇能为无米之炊的传说。

古时候,翔安有个穷秀才娶了个李姓富家千金。秀才家境贫穷,但才学兼优,幸有李家小姐慧眼识人才,说服父母下嫁与他。结婚第二天,按翔安习俗,娘家要来邀请姑爷和新娘到娘家做客,姑爷家必办酒席款待娘家客人。

秀才确实贫穷,第一天结婚请客的酒菜已所剩无几,很难拿出手。但不管怎么样,最起码也要煮顿白米饭,炒几个菜让客人吃个饱。可翔安是个丘陵地,绝大部分农田是靠天吃饭的旱地,地里都是种植耐旱的地瓜芋头。地瓜和芋头是农家的主粮,农家想吃一顿白米饭特难。秀才家中一时没有大米,只有几斤地瓜粉(淀粉),大芋头卖完,只剩几斤鸡蛋大小的小槟榔芋。此时,娘家客人已到,全家为招待客人的事急得团团转,束手无策。

正愁得没办法时,心灵手巧的李家小姐急中生智,就地取材料理起菜肴来。她先将小芋头去皮洗净,用水煮熟备用;接着油炸一些葱珠(葱头切成片)及花生米装碗待用,用水把地瓜粉拌成糊状;锅中倒入食油,将煮熟的小芋头和预先切好的杂菜一并倒入锅中翻炒,倒入地瓜粉糊、盐等,在

---

① 兜面(dǎo mǐ):地瓜粉糊和小芋拌成的一道饭。

小火炖煮中搅拌,粉糊稠粘于小芋头和杂菜,即盛入盆中和葱油及炸花生米一起端上桌招待客人。

娘家客人从未见过此等菜肴,各自舀上一碗浇上葱油,撒上花生米,慢慢品尝,吃起来粘呼粘呼,槟榔芋喷香喷香,配上油葱和油炸花生,细品慢嚼更是满口留香,余韵无穷。吃后娘家客人咂嘴称奇问道:"没吃过这等佳肴,不知菜名怎叫?"李家小姐随意回话说:"菜名叫兜面。菜名不重要,关键它是一道吉利菜。"此菜特征是诸食品粘连在一块,象征两家联姻亲连亲;家庭和睦共处,邻里团结友爱。李家小姐这一饮食小创举,即不失夫家体面,又让娘家客人吃饱还图个吉利。这就是巧媳妇能为无米之炊的美丽传说。

当然,随着时代的变迁,兜面增加许多内容,但都不离"粘"字,象征强而有力的凝聚作用。农历九月初九煮"兜面粘骨头",寓意祝愿老一辈骨骼强壮,健康长寿;农历十二月十六日"尾筒",做生意的煮"兜面粘顾客",意在粘住顾客,生意兴隆;农历正月二十三日(接财神日)煮"兜面粘钱财",意在祝愿新年财源滚滚;还有除夕煮"兜面"祭祖,表示不忘祖宗,辈辈紧连,脉脉相传。

朱皮陈骨

翔安区马巷镇的后亭街、塘仔头村（今桐梓村）、内田村等地有以"朱陈"合为使用的复姓家族——活着的时候姓朱，死了以后姓陈，人称"朱皮陈骨"。

明朝时，厦门禾山墩上村有一户姓陈的人家。陈家有四个儿子，老四名叫陈福全。福全的三个兄长都已成家立业，唯独他爱好南乐，不思婚配，又不立业，终日与曲友管弦自娱，因此常受父母责骂，而后离家出走，誓言至死方归。为谋生路，陈福全只身到马巷一带教南乐。姻缘凑巧，陈福全入赘马巷塘仔头村朱家。

据传陈福全与朱氏婚配后，稀有所出，四代单传，遂往北辰山仙宫问卦。仙人托梦曰："虫烧死，黄叶落，朱出现。"家族即改以朱为姓，果然人丁兴旺。

福全虽离家出走，但对陈家仍然念念不忘，再说福全离家出走时已经立誓至死方归，于是将心事告诉妻子朱氏，并与之协商，生以朱为姓，死以陈立碑，天年之后归葬故里。福全落叶归根的情感获得妻子及家人的理解与支持。

果然，福全死后，以陈立碑，归葬故里禾山墩上村界内。自此即以"生朱死陈"，世代沿袭至今。这就是人们所说的"朱皮陈骨"。

瑰丽传说

翔安

  风月雨雷依然神秘,驰骋的思维孕育着古朴的神话。自然的力量被修饰成瑰丽的故事,在众口纷纭中变成朴素的信仰。

大枞松树庇荫人

新店镇吕塘林边村村后有一座小山,山上长满郁郁葱葱的松柏,据说这满山松柏已有几百年历史。在当地村民看来,这些树非常珍贵,传说每棵松柏都是一个神灵,它们像卫士一样保护着山脚下的村庄。

村民们对这些树怀着虔诚的敬仰,谁也不敢动这山上的松柏一毫。这片松柏是村子的屏障,能遮挡村后刮来的狂风,保持空气清新,还能防止水土流失。更重要的是,当地村民笃信这满山松柏都是神灵,村民中流传着有关松柏的美丽传说。

早年,勤劳的吕塘村村民在离村子两三里外的洪塘湖边开垦了许多荒地,种上庄稼,引洪塘湖的湖水灌溉,年年获得丰收,村民们的生活越来越好。

清朝末年,邻村的恶霸地主陈天霸看到这样好的田地眼红,便挑拨族群关系,勾结官府,使尽一切伎俩,说吕塘人占了他的地,要抢回去,村民们当然不肯。于是陈天霸带领官兵包围吕塘村,要抓村民去官府"还地"。面对无理的要挟,村民们哪肯答应,便组织起来,奋勇抗争,在村北角与官兵打斗起来。

可是,村民们哪里是官兵和陈天霸的对手,战斗了几个时辰,就败下阵来,退到村后的松柏林里。一时战鼓声、冲杀的呐喊声震天动地,只见官兵和陈天霸的狗腿子们排山倒海似地逼向节节败退的村民。在这千钧一发之际，天空一道闪电，大地微微一震，千百棵松柏"簌"的一声便不见了，化身为千百个天兵天将，挥舞长矛短剑，扑向官兵和陈天霸的狗腿子们。一阵短兵相接，打得他们落花流水，夹着尾巴逃窜。等到惊讶的村民们回过神来，天兵天将"簌"的一声又化为松柏了。原来，天兵天将就是松柏所变。早年，为了保护村民，吕塘村祖先种下这满山松柏，栽种前，请来神佛作法，使每棵松柏都有神灵。村民们遇到灾难，山上的松柏就会帮村民逢凶化吉。

　　官兵和陈天霸尝到松柏神兵的厉害，再也不敢到吕塘扰民，但陈天霸的野心不死。过了几年，他又组织了一群土匪，携带着长枪，向吕塘村民发起进攻。机警的吕塘人这回早已做好准备，他们购置了"扳巢"（一种土炮），把村后的小山布置得壁垒森严。激烈的战斗又开始了，只听得枪声阵阵，炮声隆隆，聪明的吕塘人利用松柏林作掩护，向敌人的阵营发射炮弹，打退了敌人一次又一次进攻，山野上留下一具具敌人的尸体。炮弹越来越少，后来终于打光了，眼看敌人渐渐包抄过来，情势危急。聪明的吕塘人又随机应变，砍下松树的枝桠，作为炮弹，向敌人开火。这回炮弹的爆炸声比轰天雷还响，比真炮弹的威力还大，直炸得敌人鬼哭狼嚎，抱头鼠窜，夹尾而逃。吕塘人欢呼胜利之时都说，多亏了神松的帮助。

　　自此之后，陈天霸再也不敢来侵扰了。吕塘人有村后松柏神兵的保护，辛勤耕耘，安居乐业。为了纪念神松的功劳，每年冬至佳节之时，吕塘人都会摆上供品，面朝村后松柏林烧香膜拜，在祖厝里展出"扳巢"，以示子孙。

直到今天，当地的老人们还常谆谆告诫村民：不要在松柏林里敲锣打鼓。因为锣鼓一响，那仅存的数百棵松柏树便会变成天兵天将。

断龙窟

翔安滨海地带的坡地随处可见大窟窿,密密麻麻,遍布各村,这就是相传的"断龙窟"。新店镇茂林村也有"断龙窟",比较大,最小的面积也有几平方。翔安一带到底有多少个"断龙窟",无人统计过(不少"龙窟"已夷平成耕地)。可是一讲起"断龙窟",当地的居民都能绘声绘色、有鼻有眼地讲述其掌故。

据考,明太祖朱元璋出身贫寒,历尽艰险夺得天下,视"国"为"家",建立强大的家天下,他在荡平兵乱之后采取了不少果断措施,建立"祖训"和"家制",严防女后外戚干政;整肃吏风,惩治贪官污吏。此外,朱元璋还相信风水地理(其国师刘伯温是风水的祖师爷),在征剿敌军陈友谅时曾分水陆两路进军福建各地,他看到沿海地区山光水色、人杰地灵,又听说翔安东有青狮镇东方(指新店西岳岩地形酷似雄狮)、南有半月朝江(新店浦南的港汊似半月形伸向海中)、西有鳄鱼把水口(指马巷琼头村的鳄鱼屿)、北有七星坠地(指内厝镇鸿渐山前的七个小山岗)等风水宝穴,传说"天子宝穴,要出真龙天子"。朱元璋又查考得知前朝翔安文运崛起,人才济济,北宋期间翔安就有进士三十二人,又有苏颂这样出类拔萃的人物。苏颂一家有十人连捷南宫,石氏三代五进士;南宋时有进士二十三人,朱熹主簿翔安,造朱文公院,兴教办学……明太祖由羡慕而生妒嫉,生怕江山被人所夺,便派人去破坏。

　　明太祖派江夏侯周德兴入闽设立永宁卫所时曾面授密旨——"断边孽穴",周德兴深谙地理,入闽后立即到马巷一带巡行,发现龙脉之地就用朱笔圈定,随后征集大批民工挖掘破坏,从此马巷一带的坡地就留下坑坑洼洼的窟窿,这就是所谓的"断龙窟"。一时间闹得乌烟瘴气、民怨沸腾,群众咒骂周德兴,称他为妖精,把江夏侯谐音丑化为"江夜壶"以消心头之怨。江夏侯遵密旨断龙穴,一直断到南安石井安平地方,见此地"龙势飞腾,旗鼓显耀,金印生成",有"五马奔江"之势,叹道:"宝穴。"决心斩断此穴,以消国患,当夜忽梦二神人跪告求免,云"此穴应出五代诸侯,为国朝吐气",江夏侯慑于神人托梦,不敢轻举妄动。此地后来出了赫赫有名的复台民族英雄郑成功。虽然江夏侯花了九牛二虎之力,调兵遣将,为朝廷效力,但始终还是断不了翔安的龙脉。有明一朝,尤其是万历朝,翔安的文运进一步发展。据统计,明代二百七十六年中,翔安有一百零五名进士,"闽之文学,以漳泉为最",漳泉又以翔安为最。这一时期,翔安有理学名宦林希元,封疆大吏陈健、蔡复一,中枢大员洪朝选。"断风水"并未阻挡翔安的文运发展,苦心经营的大明天下却最终没能躲避覆灭的命运,崇祯帝被迫吊死于柳树下。

雷公就在笆篮里

张廷拱，系大嶝阳塘村张氏的先人，明朝名宦，曾任右都察御史，朝廷破格封他为"一品军门"，人们就尊称他为"张军门"，阳塘后世村民尊称他为"军门祖"。

古时候大嶝乃海外孤岛，弹丸之地，环岛皆海，涛汹浪涌，海风凌厉，沙石肆虐，且气候干旱，缺水少雨，庄稼年年难有好收成，岛民们只好艰难度日。

崇祯时，时任山西大同巡抚的廷拱公回乡省亲，目睹故乡的贫困，倾听了乡亲的诉苦，亲历了海岛缺水的艰辛，不胜焦急，只苦于心有余而力不足。

这天，村里"老大"聚在宗庙大堂，就解决缺水一事与军门祖商讨。一位张姓"老大"无意中聊起道教张天师与本村张氏同宗，军门祖灵机一动：对啊，怎的糊涂一时呢，张天师不就擅长画灵符，驱鬼神，求风雨吗？何况，张天师就在江西龙虎山修真炼道，与自己是至交，求助于他，问题定能迎刃而解。事情就这样定了下来，军门祖择吉日，沐浴更衣，戒斋三日，亲往龙虎山圣地祈求张天师给大嶝岛发发"西北雨"，以解水源不足之苦。

风餐露宿，披星戴月，风雨兼程，军门祖终于来到龙虎山道教圣地，张天师盛情地接待了他。席间，军门祖请求天师施"西北雨"。天师轻捋长须，掐指一算，浓眉微皱，频频摇头。军门祖急问缘故，天师只言：天机不可泄露。军门祖亦不细问，只央求他快快动笔画符，天师叹了口气，不再推辞。只见张天师登神坛，祭"三清"，施法术，拿起朱笔一挥，黄底红字的灵符便完成了。张天师慎重地把灵符折好，放在一个小巧的锦囊绣袋里，又用竹笆篮（旧时农村常用的竹制容器）装着，交给军门祖提着。张天师再三嘱咐，雷公就在竹笆篮里，一路得小心伺候，不管发生任何异端，决不可掀开篮盖，切记！切记！

事不宜迟。军门祖当日便辞别天师，提着"雷公"往回赶。经过了几个月的艰难跋涉，回到翔安地界。眼见大嶝在即，军门祖长吁一口气，换轿乘马，一路观远山绵延，听溪声淙淙，闻花香缕缕，心情愉悦，但不忘小心翼翼地抱着竹笆篮。也该"翔安有幸"，正当军门祖扬鞭策马时，竹笆篮忽的发出"隆咕隆咕隆隆"的巨响。声响时轻时重，时缓时急，越到后面声音越大，及至后来，竟连篮盖也急急振动，"咔咔"作响，似有东西跃跃欲出，欲将篮盖掀开。"难道是雷公，不知雷公长成什么样子？"军门祖怀着强烈的好奇心暗暗思忖，遂忘了天师的交代，偷偷把篮盖掀起一缝，往里一瞄。"轰隆隆——"还没等军门祖看清，一黑影化青烟而遁，飘飘直上。蔚蓝的天空中顿时乌云密布，一阵紧接着一阵的西北风呼呼刮起，伴随着电闪雷鸣，"哗啦啦"地下起筛豆子似的大雨……

雷公就这样留在了翔安，军门祖不禁扼腕叹息，至此才想起张天师的暗示：天意不可违，独力难挽狂澜，大嶝无福。

至今，"西北雨"还徘徊在翔安西北的天空上。直到1995年国家水利部拨巨资为大嶝修建引水工程，才解决了大嶝水资源缺乏的问题，"人定胜天"的真理在这里又一次得到了印证。

"公妈婆"竟是男的

翔安新店东村有座同春宫,供奉保生大帝和"公妈婆"菩萨。这尊"公妈婆"的来历十分传奇。

吴夲是宋朝名医,他医术高明,药到病除,后世奉为"保生大帝"。一日,他接到圣旨,进宫给皇太后治病。弟弟听说哥哥要进京,便吵着也要去。无旨进宫是要杀头的,吴夲执意不肯:"你是男人,又不是太医,是不得进太后寝宫的。"弟弟听了心生一计,把自己打扮成眉清目秀的女子。吴夲无奈,只好带"她"进京。

进了宫,吴夲丝线诊脉,调制丹丸给太后服用。不几日,太后的病果然好了。皇上龙颜大悦,召见吴夲。吴夲带着乔装打扮的弟弟一同进殿,皇帝夸奖了一番,指着弟弟问:"这女子是什么人?"吴夲连忙回答:"是我的妹妹。"皇帝非常高兴,下了圣旨,册封吴夲的弟弟为"公妈婆",要他来世降生为接生婆,救治天下所有婴儿,让幼小的生命平平安安来到人世间。

新店东村村民何时请"公妈婆"到村里供奉,已无从考证。但村民世世代代把"公妈婆"作为孕妇的保护神供奉,哪家有小孩子要出世,便到同春宫烧香拜佛,祈求"公妈婆"保佑,产子顺利。

龟蛇把水口

琼头奉祀上帝公，上帝公双脚踏龟蛇，手执宝剑，这是他抓捕龟蛇二精的情形。上帝公平时紧紧压住二精，生怕他们逃跑，危害百姓生灵。

那天，上帝公打了个瞌睡，朦胧间放松了双脚，龟蛇二精发现机会难得，相约双双逃跑，龟精向东逃至马巷西炉村崎头山，蛇精向西逃至西柯的丙洲屿。上帝公一觉醒来，发现二精偷逃，立即驾起云头，四处观望搜寻，忽见二精已分别爬行至崎头山和丙洲。他火速叉开双脚跨海压上二精，大喝："孽畜，竟敢偷逃，让你们永远把住水口，保护人民安全。"接着涂画二道镇妖符，将他们一一镇住，自己驾云回宫享受香火。故古翔安有"龟蛇把水口，匪寇免入口"之赞。

崎头山在浔江北岸，形似大龟，据说是龟精所变，故名龟山。山上农田阡陌纵横，犹如龟甲，西部有岩石突兀海面，恰似大龟昂首，时刻监视海面。龟山南面浔江岸上的丙洲屿，北高南低，东西窄而南北长，酷似大蟒浮游海面。屿北部有凌空耸立的大石，形似蛇头，据说是蛇精所化。蛇身上的肚脐成为一口淡水井，清醇可口，长年不涸，供岛上居民饮用。龟蛇隔海相望，威镇水口。历史上红夷、海匪都不敢窥视侵犯当地村民。因此当地年丰人寿，物阜财旺，人才辈出。民族英雄郑成功曾把县府迁建于丙洲屿，他认为这里有险可拒。

有趣的是,据说清初安溪湖头李光地来翔安巡视,曾到李厝探望李氏族亲,他乘兴登上龟山观赏海景,看到龟蛇对峙,气势磅礴,大吃一惊,心想,难怪翔安人才济济,代出名人,原来是有这龟蛇把水口。李光地由羡慕而生妒忌之心,立即叫来李氏耆老,煽动他们要在龟头上盖一座妈祖宫,以保佑渔民出入平安。李氏族亲不知个中就里,就雇来泥水匠,先炸掉龟头的巨石,再在龟颔上挖一条深沟,盖上妈祖宫,这样把龟头彻底炸烂斩断了,因此该地名也称"崎头宫"。李光地暗中派人挖了丙洲的蛇眼,龟死蛇瞎,失去威力,海匪入侵,灾祸不断。当地群众获悉为李光地所骗,自动把宫拆掉,把沟填平。

如今,站在龟山上俯眺丙洲岛,每当涨潮时节、龟蛇随波荡漾,神龟频频颔首,含情脉脉,似在向巨蟒倾吐衷曲。这美妙的画卷,这奇特的地理胜景,令游人陶醉倾倒。

七保塘的由来

翔安区新店镇有个吕塘村,由七个自然村组成。村以吕姓冠名,居民却以洪姓为主,其中变迁,已难查考;但村以塘为名,必与塘有关,七个自然村就散落在一个大塘的周围,所以塘叫七保塘,七个自然村也统称七保塘,后改名吕塘。据《同安县志》载,大塘南北走向,呈椭圆形。据《马巷厅志》载,七保塘是马巷地区最大的水塘。

七保塘据说形成于明代,当时原坑园埔一带建有数座瓦窑,烧制砖瓦建材(现该地留下数座旧窑址,还有遍地砖瓦残片)。除供本地建设之用,这些砖瓦还通过水路销往南安、金门,所以瓦窑日益增多,规模也不断扩大。制造砖瓦的泥土都取之七保塘,长期挖掘,渐渐形成大塘。塘之大,正反映当时砖瓦建材业的兴旺。

塘子大了,终年积水,年深月久,塘里的鱼虾龟鳖也就多了,三四十斤的鲤鱼、四五十斤的乌龟也不是什么稀罕之物。有几年,塘边庄稼莫名其妙地遭受灾害,人们不知就里,渐渐就生出田螺精的传说。

传说七保塘里硕大的田螺成了精,这田螺精虽然不危害人畜,但经常爬上岸吃地里的庄稼。对着赶不走抓不到的田螺精,大家束手无策,只好求助于香山岩的清水祖师。七保塘的族长来到香山岩,摆上供品,焚香叩拜,说明原委,请求祖师捕捉田螺精,为民除害。祖师的乩童扶乩,一阵跳跃之后,昭示众人说:在塘中筑两座土墩,就可镇住田螺精,令它不再爬上岸为害庄稼。

族长回家后,宣示祖师旨意,立即在塘中选址筑台。可塘水很深,塘底又是厚厚的淤泥,筑大土墩并不容易,但想到能镇住田螺精,保护庄稼,七保塘的乡民众志成城,有钱出钱,有力出力,用了一个冬天的时间,硬是在深深的水塘中筑起两座大土墩。从此田螺精被镇压住了,再也不能上岸为害庄稼,七保塘的四周从此五谷丰登,百姓安居乐业。

为了感谢清水祖师的恩荫,七保塘的村民在塘的东北侧修建了七保塘宫,奉祀红脸清水祖师,以坐镇、监视田螺精的活动。七保塘宫虽经时世变迁,几次倒塌,几次重修,至今香火依旧兴旺。每年农历五月十二日,由七保塘周围的村庄轮值做东,举办盛大庆典,热闹非凡。

七保塘宫前原本还有一块石刻,铭文曰"田螺仙祖",同样享用乡民的香火。田螺精虽然曾为害庄稼,但被镇压在土墩之下,其情可悯,乡民在拜谢清水祖师的时候,也不忘分给田螺精一些香火,可见乡民们慈悲宽容的胸襟。

塘中一南一北两个土墩尚存,南边土墩占地约一亩,北边土墩较小。如今土墩上青草萋萋,成了海鸭、白鹭的栖息之地。每当朝晖夕照,塘中浮光耀金,白鹭翔云,好一派祥和平安的景象。

烧灯猴风俗的由来

很久以前,有一年翔安地区风调雨顺,农业喜迎大丰收,家家鸡鸭成群、米粟满仓,农民喜气洋洋,风俗于冬至日举办祭祖活动。百姓们杀鸡宰鸭,捞淡水鱼,备好各种佳肴,以祭祀祖先,借以庆贺丰收,家家户户忙得不可开交。

这时,灯猴鬼(古时用花生油放于小碟内,加上纱芯用于照明)看在眼里嫉在心里,想出一个坏主意,立刻驾云上天,向玉皇大帝打小报告,诬称民间奢侈铺张,丰收后大肆浪费,有违天规。玉皇大帝听后怒从心生,马上派遣天将下凡察看,天将们不调查不研究,为应付天旨,马马虎虎地下凡环游一遭,上天回报:民间确有此情况。

于是玉皇大帝大骂"孽民",遂派"年"(一种猛兽,吞噬人畜)于除夕下凡惩罚世人。人间闻讯非常着急,人心惶惶,哭哭啼啼,如丧考妣,但也无能为力,只得坐以待毙。家家户户忍痛准备后事,缝制新衣,意为平时因穷困衣不蔽体,今晚如果被害,也得换上一套新衣,筹办菜肴于大年除夕祭拜和辞别祖先,全家团聚围炉。外出的家人也要叫回来,等待"年"来惩罚。

此事惊动了土地公,土地公官虽小,但身为一方之主,以民为本,一心为公,关怀民众的生息繁衍,绝不容许他人随意来侵犯辖地的民众。他闻讯立即挂上拐杖,不顾安危,风风火火地驾云上天,也没有经过南天门李老君的同意,直闯天宫，向玉皇大帝详细陈述民间一年来怎样辛勤耕耘、节衣缩食，丰收后大家为答谢祖先的恩泽和上天的恩赐，怎样准备菜肴祭敬祖先及上天，改善生活，一切都是情理之所在，不能算铺张浪费、大吃大喝，更未违犯天规。玉皇大帝仔细思量，觉得土地公所奏在理，立刻撤销自己的杀令，吩咐"年"给百姓带去好运、吉祥。玉皇大帝嘉奖土地公忠于职守，大骂灯猴鬼胡说八道。

除夕大家穿上新衣，围了炉，全家人守夜不睡觉，静观有什么动静，可是一直到第二天凌晨一点钟，没想到平安无事。人们才知道土地公为他们化解了灾难。从此大家更加崇敬土地公，恨死灯猴鬼，故每逢除夕家家户户都要"滥蛤、炒豆、烧灯猴"，惩罚灯猴鬼，世代相沿，成为民俗。同时备办"三牲"礼品敬祀土地公，孝敬祖先。家家户户开门设案拜祭玉皇大帝（天公），大放鞭炮，烟花，欢庆过年。"过年"之意即表示避过"年"的杀戮并感谢"年"带来吉祥。第二天正月初一早，大家互相走门串户祝贺新年好，至赠糖果红柑，连续几天祭祀祖先。初二日女婿女儿还要带着孙儿上丈母娘家拜望岳父母，祝大家平安。

香山传说

香山位于翔安区东南部，坐落于鸿渐山脉南麓，西以翔安母亲河九溪为界，北至水琼线，南到水浔线，东接鸿渐山路，以香山岩寺为中心，辐射到周边的吕塘民俗文化村及众多景点，是第六批省级风景名胜区。

香山原名"荒山"，南宋理学大师、同安县主簿朱熹曾数游此地，闻草木皆香，遂将"荒山"更名为"香山"，上有其墨宝"真隐处"。香山上的香山岩寺始建于南宋建炎元年（1127年），主奉清水祖师，鼎盛时期僧尼达数百人之多，是翔安最大的一座庙宇，也是厦门、南安之宗教圣地。每年农历正月初六举行的庙会，来香山参加庙会活动的游客香客超过五万人次。热闹非凡，让来自厦门、南安、金门等地的游客、香客流连忘返。景色优美的香山为后人流传着许多美丽的传说。

黑脸祖师和落鼻祖师

清水祖师，又称黑脸祖师，台南称"落鼻祖师"。这些称呼从何而来？

相传释普足被请往安溪祈雨得灵验，民众延请大师留驻蓬莱山主持彭岩。时蓬莱山有番鬼作祟，约与大师斗法，置大师于石穴洞里，用烟熏了七昼夜，至第八天洞门一开，大师立于木炭上哈哈大笑："汝今任我治！"大师只熏黑了脸部，众鬼慑于大师法力，拜服于他的门下，作为祖师坛前的四大将军，故往后诸善信又称祖师为"黑脸祖师"，二祖师、三祖师未参与火熏，故他们为红脸的。又传清同治六年（1867年）仲冬，台南石门村民恭迎祖师绕境，初抵港口，祖师鼻梁无故掉落，村民争相观看异相。时适逢当地发生强地震，屋宇倾颓而人畜无灾，众人皆啧啧称奇，嗣后每遇凶难，祖师即以"落鼻"儆示，"落鼻祖师"在台南声名鹊起，远近驰名，称祖师公为"落鼻祖师"。

娘仔墓

据传南宋景炎二年（1277年），元军攻陷福州，宋末帝由陆秀夫、张世杰护驾南逃，经翔安时曾驻跸鸿渐山脉一带。有一身怀六甲又习武艺的皇姑负责押运皇室的金银财宝随军南逃，他们来到民安里九都、十都的香山岩，轻信谣传说同安城已陷，宋末帝投海身亡。皇姑认为大宋江山已失，财宝即将落入元军魔掌，遂把这些财宝投入井中埋掉，自己也以身殉国。当地忠于宋室的民众感于皇姑的忠贞爱国精神，自发扶柩葬之于香山岩东北侧一里处，雅称"娘仔墓"或"香山娘仔墓"，遗址尚存。

皇姑入土以后，出现奇迹，死而复生，生下一男婴。母子依靠陪葬的米、柴、水度生，加上宝穴的滋润，小婴儿茁壮成长，练习射箭、格杀各项武功，决定八月十五凌晨发箭刺杀元朝皇帝，准备东山再起，恢复宋室。元军统一中国以后，追捕杀害宋室遗臣，宋室坟墓也破坏殆尽，香山娘仔墓当然不能幸免。可是元兵白天挖墓，晚上墓地又恢复原状，永远无法掘棺暴尸，最后只好派重兵日夜守卫。这时皇姑也有点着急,生怕再遭杀戮。一天,他们母子议论起此事,只听小孩安慰其母说:"他们千兵挖,我们万兵填,除非施用'铜针乌狗血来泼洒'。"这话刚好被元兵窃听了,元兵拿来"铜针乌狗血",结果穴室的灵气被破坏无遗。赤脚大仙闻讯,也赶来抢救,故在香山的巨石上留下一只"仙脚迹",但他见宋室气色已尽,无回天之力,只好跨海往金门去,在金门留下了另一只"仙脚迹"。

猴王为"真隐处"站岗

朱熹主簿同安时曾经登过香山,当年朱子年轻力富,文才横溢,他见此地风光如画,仙人可居,即兴留下墨宝"真隐处"。在石刻一百米处的对面有一只石猴,惟妙惟肖,栩栩如生,是香山岩的一大景点。

相传古时候,香山有一只猴王,它非常机灵,经常隐居密林中,窥视香客的行迹,一不留神,香客的衣帽、挎包、供品就被掠走,猴王会在高树上装模作样扮鬼脸,或狼吞虎咽地品尝掠来的供品,或戴上衣帽炫耀自己,令香客啼笑皆非。追它又追不上,赶它又赶不走,真是没有办法。碰到漂亮的姑娘,猴王还会上前捏一把脸蛋,摸一把胸,搞得人心惶惶,年轻妇女都不敢上山拜祖师公。许多香客都上告祖师,祖师闻讯大骂"孽畜",立即派山门将把猴王逮回归案,猴王慑于祖师的威力,跪在祖师面前忏悔求饶,祖师动之以情,晓之以理。曾有位姓郑的读书人在此隐居,在"真"字右旁加耳边,凿成类似"郑"字,破坏了朱熹的真迹。祖师遂令猴王日夜守卫"真隐处",不容他人破坏。从此猴王面对石刻,不管酷暑严冬、风吹雨打,都不敢越雷池一步。

黄公献地

内厝镇黄厝村（古属民安里九都）黄氏始祖黄道隆，河南光州固始人，为会稽市令官。东汉末世乱，遂弃官入闽隐居，初居仙游、惠安。其裔孙黄守恭又迁泉州，富甲一方，成为望族。黄守恭虔诚信奉佛教，曾于唐开元年间捐其住宅建泉州开元寺，东派始祖殁后，择吉葬于香山山麓，墓址即现香山岩寺址。

北宋徽宗时，为纪念清水祖师生前曾驻足荒山古庙（查荒山岩庙建于北宋初，奉祀释迦佛祖，庙址在现香山岩寺对面），马巷一带善信纷纷到安溪清水岩膜拜行香，乞香火回马巷塑清水祖师偶像奉祀于荒山古庙里。清水祖师香火兴旺，有求必应。祖师看中对面宝地（现香山岩寺址，也就是黄公墓址），每天晚上都移驾于黄公墓上，早上民众能看到一个穿灰黑色的童子坐于碑上。小和尚发现是祖师公即又迎回庙里，这样经过数次反复，善信只好问卜祖师，祖师乩示移建。黄氏族裔闻知祖师提出要求，主动迁墓于狮球左侧。据传挖墓塘时发现七只白鹤，族众争相捕捉，最后只抓住一只，且后腿不幸被弄折，他们把白鹤关在新墓塘里。据说明嘉靖年间又出了一个贡生黄赞（族谱载为黄辇），跛脚，授司礼监锦衣卫。祖师庙移建以后，南宋绍兴时朱熹将"荒山"改为"香山岩"。

张廷拱"画符镇南汕"

在大嶝与金门海域之间,有一大片沙滩,长两千多米,宽一百米左右,金黄而细小的沙子堆积了两三米厚。退潮时,它便一露无遗,不论站在大嶝,抑或是金门,远远眺望,都可以看到亮白亮白的一条沙线;涨潮时,它又悄然隐入碧波汹涌的大海中,继续孕育丰富的海产。大嶝、金门的岛民们都管它叫"南汕"。

南汕离陆地较远,大潮时方会显露,渔民们仅在农历六七月份才能上汕。少了人为打扰,汕上的海产特别丰富,特别肥美。每逢讨海季节,大嶝、金门两地成千上万的渔民,不分老少男女,一齐上南汕讨小海。老年人掘土蚯(土笋)、黑袋子(海参类动物)、沙虫。年轻的耙虾子,捉螃蟹,撬野生蚝。孩童们最高兴的当数捡海螺了,有王螺、肉螺、吹号螺……不计其数。南汕总是热热闹闹地迎来了一批批讨海人,又欢欢喜喜地送走一批批讨海人,日复一日,年复一年。据长辈们说,自明朝末年以来,两岸渔民到南汕讨海已有好几百年了,从未出过事故。大家都说,这得归功于大嶝阳塘村的军门祖(张廷拱)画下的那张镇守南汕海域的灵符。

南汕地处浯江湍急的海潮中,水面波涛澎湃,水底暗流汹涌,即使乘坐渔船,若不识海潮,稍不留心也要出事。明万历前,两地的渔民到南汕讨小海,没能及时回家,或遭遇坏天气,常常船毁人亡,可是为生活所迫,渔民们不得不冒险讨海,南汕成为当时的"百幕大三角"。

有一年,军门祖回乡省亲,了解这一情况后,心中忧急。他想,渔民靠的就是大海,出海不安全,那就惨了。他下定决心帮助乡亲。军门祖熟读《周易》《河图》《洛书》、《道德经》《奇门遁甲》等玄门经书,与江西龙虎山道长张天师为密友,闲暇交往中向他学得不少画符驱鬼求平安的法术。

军门祖来到海边相度地势,让乡亲们取海中泥沙筑神坛。神坛方圆二十四丈,每一层高三尺,共是九尺,四面插二十八宿旗,分别作东青龙、西白虎、南朱雀、北玄武之状。八月十五甲子吉辰,军门祖沐浴斋戒,身披道衣,跣足散发,登神坛。他焚香祷告,先请元始天尊,再请太上老君,三请天师张公驾临神坛;接着,铺黄纸,执朱笔,蘸墨汁,口中念念有词:"我左手拿宝剑,右手执朱笔,呼请真人、三清来佑庇,佑我南汕海疆永安宁,佑我阳塘宝地永安平。天灵灵,地灵灵,元始天尊、太上老君、天师张公急急如律令!"随后朱笔一挥,画下三张"七星镇疆符",笔头重重扣打令符三下,三张小小的令符便拥有了无穷神力,令鬼神退避三舍。军门祖着人拿一张贴在南汕海域礁石上,另取一张贴在自家府第的镇宅石狮上,最后一张贴在祖庙前的古井壁上。

从此,南汕一带海域风平浪静,两地的渔民又能安心讨海了。传说,有几个渔民在南汕讨小海,错过回家的时间,眼看海水渐渐淹没了南汕沙滩,淹没了小腿,淹没了肚脐,心想这回必死无疑了。危机之时,他们灵机一动,想出一个办法:把蚝削牢牢地插在沙地里,把所有的讨海竹篮叠放起来,人都坐在里面,最后竟安然度过了涨潮期。

　　祖庙前的古井虽然黑咕隆咚的,许多人不小心掉下井,但都能大难不死。居住军门府第里的村民人丁兴旺。这一切,均得力于军门祖的灵符。有诗为证:"七星坛上军门登,一夜玄机南汕安。不是廷拱令符灵,安得汹澜从此平。"

风物猎奇

翔安

走过古老的土地,边走边唱,把泛黄的记忆写成诗,把凝固的历史唱成曲。就这样歌颂我们的文化积淀。

鲎的传说

鲎,外省人称为"海怪",甲壳类节肢动物,剑状尾,血液青蓝色,国家二级保护动物。

每到农历五月,鲎便从外海洄游到内海海滩产卵。成年鲎大多结对,单鲎很少。以往讨海人捕到单鲎,往往在鲎的壳上刻字,然后放生,捕到壳上刻字的单鲎,一般不杀害,总是再加上几个字,把它投入大海。

雌鲎比雄鲎大得多,成年的雄雌鲎形影不离。雄鲎贴在雌鲎背上,用爪子紧紧抓住雌鲎不放。雄鲎非常自私无情和滑头,在水中捕鲎时,只要抓住雄鲎的尾巴,雄鲎还是紧紧抱住雌鲎不放,这样就可以"一举两得",同时抓住一对。如果捕鲎人没有经验,先抓住雌鲎的尾巴,雄鲎马上放开雌鲎,逃之夭夭,捕鲎人只能抓到雌鲎,因此海边人有一句俗语:"先抓鲎公抓一双,先抓鲎母抓一只。"鲎的这种习性,传说源于它那不平凡的来历。

很久很久以前,有一个小个子男人,生性自私,好吃懒做,不务正业,却娶了一个多情、温柔的妻子。男人不好,妻子只有认命,不但不能离婚,还要忍气吞声陪伴男人熬过痛苦的一生。男人不务正业,生活靠偷盗维持。

有一次,他意外得到一张老鼠精的皮,只要往身上一披,他就会变成大老鼠,就能钻壁穿洞,爬墙上梁。一开始,他像一般的老鼠一样,夜间出来偷盗,白天躲在家中享用赃物。起初他还瞒着妻子,时间一长,妻子知道了,但家丑不可外扬,苦劝没用,又不好声张,这使他壮了贼胆。这个鼠贼后来竟然大白天也出来偷盗抢劫。被偷盗的人家看到那么大的一只老鼠前来用大爪抓着东西就跑,或用大嘴叼着就走,胆小的人认为是妖精怪物,不敢动手,只好让它跑掉。这样一来,鼠贼更目中无人,无所不为了。

有一次,社里举行大型祭典活动。家家户户都供上拿手好菜,鸡鸭鹅、猪羊牛和大鱼大虾。这祭品香味诱人,鼠贼闻到香味就垂涎三尺,也顾不得危险,一披鼠精皮,就往供桌上蹿,爪抓口咬后就想跑。村民见到这只大鼠竟敢在光天化日之下前来偷吃,于是敲锣聚众。围上来的村民个个义愤填膺,咬牙切齿,高声大喊着:"打死它,剥了它的皮。"鼠贼知道无路可逃,拔腿就跑,顺着祭场的旗杆往上爬,爬到顶端时,往下一看,逮鼠的村民们里三层外三层,把旗杆团团围住,发誓捉不到老鼠不散开。突然有一只老鹰从旗杆上飞过,发现大鼠,用鹰爪一夹,把它抓走了。老鹰夹着大鼠飞到荒岛上,觉得太重了,自己也筋疲力尽,便停下来想歇息片刻,稍微一走神,结果被大鼠挣脱了,老鹰只抓住一张鼠皮飞走了。小个子男人没了鼠精皮,原形毕露,只能在岛上寻找野果等东西充饥,保住生命待救。现在我们经常听到痛骂小偷叫"鼠贼",就是由此而来的。

社里的村民见旗杆上的大鼠被大鹰抓走,知道此鼠必死无疑,从此再也不提。鼠贼的妻子整天守着空房,泪流满面,寝食不安。

鼠贼的妻子亲眼看到丈夫被鹰抓走,却无能为力,只有心里干着急。但她认为丈夫不一定会死,因为鹰要吃人也不容易。她不辞辛苦上仙山求神仙，苦苦哀求仙人救丈夫一命。仙人告诉她："你丈夫就是救回来了，也是本性难改。"鼠贼的妻子向仙人下跪苦苦哀求，发誓如果能救回丈夫，一定劝他改邪归正，重新做人，再不让他干鼠贼之事。仙人摇摇头，笑了笑，长长地叹了一口气说："江山易改，本性难移！既然如此，我可以成全你的爱夫之志，让你去试试看。不过，你丈夫被老鹰抓到附近的荒岛上，人还活着。但此岛四周的水是弱水，不好去呀。"这位妇人不知什么叫"弱水"，仙人告诉她："弱水是漂浮不了什么东西的，别说木船，就是鸡鸭鹅毛掉在上面，也是只沉不浮。要上此岛，我给你一点符水，过弱水时，把我的符水含在口中，你就能在水面上如在陆地一样行走，符水一旦吐出或吞下，就会沉进海中，不知你是否愿意？"她连连点头答应。仙人就把符水给了她。

小个子男人的妻子按照仙人的指点，来到水边，把符水含在口中，走在弱水上确实如履平地，心里很高兴，心想救夫有望。她来到荒岛上找到丈夫，由于口里含着符水，不能开口说话，就把丈夫拉上自己的背上，背着丈夫上了水面。鼠贼感到非常奇怪，妻子与自己才分开几天时间，怎样就会在弱水上行走。他接连不断地问妻子："你从哪里学来的法术，什么时候学的法术，为什么早不告诉我有这种本领？"他的妻子任他怎样问也不开口，他越发觉得奇怪。快到岸边的时候，他就用手去妻子腋下搔痒，想让她笑出声来，开口说话。他这样一做，妻子果真笑了，但把符水吞到肚里去了。刹那间，夫妻俩就一起沉入了大海。在海水中，鼠贼还是紧紧抱住妻子不放，夫妻就这样变成了一对鲨。因为这对夫妻是五月沉入水中变成鲎的,又是临近海边才掉入海中的,所以到了五月,鲎会游到海边沙滩产卵。这就是传说中鲎的来历。

"皇封"海产品的传说

民间传说中,皇帝是天仙下凡转世来主宰世间的真命天子,他们金口玉言,被"皇封"过的东西,皆能盛名远播。

据记载,南宋末年,不求统一中国,只求偏安江南、享受江南美景的赵氏皇室,在元朝的冲击下,节节败退。南宋景炎元年(1276年),宋朝皇帝连临时都城都保不住,只好向南撤退转移,一路由浙入闽,时而走陆路,时而走水路。相传宋帝昺南下时曾在小嶝停留了几天,因而便有"皇封"海产品的传说。

七耳珍珠蛎

海蛎,学名叫僧帽牡蛎,俗称蚵,瓣鳃纲,牡蛎科。体形多变化,大多呈长形或三角形,两壳,一壳平如盖,一壳成帽状,撬开后,内有肉体。壳表色紫,壳内灰白。宋朝苏颂在《本草图经》中称之为"蛎房",其产卵(蚵花)时间长,生长快,生产周期短,肉肥味鲜,营养丰富。

沿海多养殖海蛎,唯独翔安的海蛎质量最好,味道最鲜美,其中又以大小嶝的七耳珍珠蛎最为有名,相传与宋帝昺的"皇封"不无关系。传说宋帝昺在张世杰的护送下南撤,曾从海上乘船至小嶝岛,在此居住了一段时间。撤退转移时没有生活保障,更谈不上原先的饮食条件,因而,宋帝昺及随行人员只能就地取民间的普通食物充饥。宋帝昺吃了村民烹饪的海蛎后,赞其味道鲜美。蛎肚像白珍珠且有七个耳朵,所以宋帝昺当场赐名为七耳珍珠蛎。由于当时宋帝昺年幼,又在逃亡中,威信还不高,因此他所赐封的七耳珍珠蛎只在方圆五里内(就现今地域而言,其范围大致为东至角屿,西至大嶝海面,南到刘五店)为百姓知晓。随着频繁的文化交流,七耳珍珠蛎的美名才广为传播。

塔纱

塔纱,学名叫焦氏舌鳎,又名比目鱼,翔安沿海一带称塔纱、贴纱,也称半边鱼。此鱼有点像扁鱼,体狭长,呈狗舌状,侧扁,口眼皆小,两眼均位于头左侧,体两侧有较大栉鳞。有眼侧有三条侧线,有腹鳍,无眼侧无侧线,无腹鳍;有眼侧体色为黄褐,无眼侧为白色。这种鱼属于近海底层鱼类,较分散,成鱼一般十五至二十公分长,全年均可捕捞,但量少,不过,肉坚实,味鲜美。据传此鱼形状原非如此,宋帝昺路经小嶝岛,享用塔纱时赞其味道鲜美。旁人告诉他,这种鱼虽味美却量少。宋帝昺听后,便把剩下的半边鱼留着不吃。侍从觉得奇怪,问其缘由。他说此鱼既是量少,就不可多吃,应让它繁衍生殖。于是,他就拿来一张御用白纱,剪成半边鱼状,贴在吃完的半边鱼上,然后把它放回海里。或许是皇帝赐封的缘故,贴纸的鱼还真的活了。因为此鱼一半是用白纸贴的,所以无眼一侧是白色的。由于此鱼状如半边,因而,后人又将之称作"半边鱼"。

"公大"[1]

公大,学名鸭咀蛤,也称公代。公大形似鸭嘴,属双壳类贝类。壳薄,比其他蛏的壳易破碎。公代只有野生的,无人工养殖的。麦收季节(夏天),公代也不知从何而来,在滩涂上成片驻入泥土中,一个紧挨一个地立着。拣时也很方便,只要用脚插入泥中,轻轻往上顶,淤泥即裂开,便唾手可得,一般一潮水都能拣回一篮筐。公代有较长的红色触角,外表有一层黛色的薄皮包着,遇水时触角便长长地伸出。当地人把触角称作"舌",把薄皮称作"帽",吃时要把"帽"去掉,否则,不易煮烂且不好吃。

公代既可鲜吃,又可晒干。如要鲜吃,先把公代浸在溪水中,然后用撬海蚵的刀(蚵刀)分开薄壳,取出肉,去掉"帽"就可下锅。去掉鲜肉的"帽"比较麻烦。较好的方法是用开水烫熟(或用水煮熟)后,捞出待凉,再用手剥壳去"帽"。传说宋帝昺在小嶝岛时,看到村民从滩涂捞公代回家,便问其是何物。村民告诉他叫"拱黛",因为触角老是拱出黛色的帽子。宋帝昺听后就跟着念。因为闽南音不准,就把"拱黛"念成"公代",反复念几遍就变成"公大"了。当地人就此编了一首打油诗:"红面关公,舌吐三分,无人是它大,皇帝是伊孙。"于是,公大之名就此传开。

---

[1] 公大:音"gōng dǎi"。

"同民安"坊

　　翔安与南安接壤的小盈岭,夹在丰隆高突的鸿渐山与层峦叠嶂的三魁山延伸交界处,与险峻峭立的福鼎山隔谷相对,这三座山脉鼎足而立,延绵不断,成为重要关隘,既是翔安通往泉州的古道驿站,也是翔安东北角的自然屏障。

　　小盈岭地处山口,地势偏低,缺口使东北风有隙可乘,成为长驱直入翔安内厝、马巷、新店山海的主要风口。自古以来,饱受贫病交迫的内厝新垵、后垵、沙溪一带流传着"沙溪七里口,无风沙自走"的民谚,风沙的危害不言而喻。

　　南宋绍兴二十四年(1154年),朱熹任同安主簿时曾巡察到此,见岭两翼高山夹峙,形成漏斗形的缺口,以致同安东半县的许多百姓染上麻风病。朱熹深谙地理,为堵住这个缺口,造福一方百姓,就在小盈岭建了一座石坊,亲笔题名叫"同民安",寄寓"安斯民于无既",以补岭缺。朱熹还在坊后栽种四株榕树,用来抵御风沙。雍正十二年(1734年),石坊倒塌。到了乾隆三十三年(1768年),马巷厅秀才林应龙、黄河清等人呈请倡捐,在石坊原址上建造关隘并把朱熹题写的"同民安"石匾嵌于关隘墙上。清黄道泰《小盈岭》一诗写道:"南同分界处,岭路辨东西。地僻村圩迥,山深草木齐。一村蝴蝶梦,十里鹧鸪啼。翘首江城近,归心趁马蹄。"描绘小盈岭"暧暧远人村,依依圩里烟"的山村小景。这座石砌关隘仍在,旁有清代同安知县吴镛所立《改建同民安坊为关记》石碑,当年的古榕树浓须垂地,树冠如盖。乾隆四年(1739年),复修的大士寺古庙成为游人歇息之地。

朱熹建"同民安"坊,是为了抵御风沙恶神,让同安百姓安居乐业。可是八百年来,尤其是内厝一带的人民,饱尝风沙之苦。每年"霜降"过后,东北风便从小盈岭刮入,风势一直延续到六里外的马巷新娘山。山风到处,吹毁庄稼,刮走表土,土地越发贫瘠,以致"种地瓜不伸藤,种花生不饱仁,种水稻少收成,十年九欠收"。

解放以后,人民政府重视群众的生产和生活。为了制伏风沙,政府发动群众,营造了二十三条主要防风林带,面积达三万八千亩。由于大面积营造防风林,朱熹想制伏而不得的"风神"终被驯服了。

澳头石狮巷

　　翔安区新店镇澳头社后山的一条巷内,至今还立着两只石狮,一只高八十三公分,胸围一百一十一公分,重四百斤左右;另一只高一百一十七公分,胸围一百六十三公分,重一千五百斤左右,人们把这条巷叫做"石狮巷"。

　　"石狮巷"里的这两只石狮很有些来历。传说明末清初时,澳头有一个名叫蒋光勇的村民,父母早亡,从小与哥嫂相依为命。由于家里穷困,蒋光勇很小的时候就必须出门打工养活自己,专门受人雇佣去挑水、打杂。挑水十分累人,可他从不偷懒,更不吝惜力气,每次都要把活儿认真做好。这不仅使他赢得了主人的称赞,更让他渐渐变得力大无比,十里八乡无人能与他匹敌。

　　有一次,蒋光勇到邻村去办事,看到一个富户门前有两只石狮,他非常喜欢威武的石狮,左看看,右摸摸,久久不肯离去。那富户见状,便讥笑他说:"这辈子你是买不起了,要不,你若有力气把两只石狮一齐举回去,就送给你吧!倘若举不动,你就给我白挑一年的水。怎么样?"蒋光勇听后满心欢喜,急忙答应,但又怕富户言而无信,即与富户立字为凭,请来村民作证。

　　立时,围观的村民里三层外三层地围得个水泄不通。只见蒋光勇缓缓蹲下身子,运足气力,只听大喝一声"起",蒋光勇一手举起一只石狮,脸不变色,气不喘,把那富户看傻了眼。周围的观众拥上前齐声喝彩,有的还给他放鞭炮送行。

蒋光勇一口气把两只石狮从两里外搬回来,放到澳头社后山的巷内。从此这条巷就叫"石狮巷",并沿用至今。

黑脸池王爷

马巷古镇有一座池府开基祖庙——元威殿,瓦顶砖木结构,分前后两殿,雕梁画栋,石雕传神,非常精巧。进得殿堂,昏暗的光线中,黑脸王爷的塑像正中而坐,姿势威猛,让人不禁肃然起敬。这尊神像为"池府王爷",本名池然,南京人,明万历三年(1575年)武进士,钦命漳州府道台。相传,池然赴任途中,歇于内厝小盈岭的土地庙里,路遇欲往漳州地区播布瘟疫的玉帝使者,得知情况后,池然毅然决定舍身拯救万民劫难,他设计抢过瘟疫药吞服,恳请天神向玉帝求情,随后毒发身亡。玉帝感其大德,遂下旨敕封他为"代天巡狩王爷",后加封为总巡王、总制,统管马巷一带的神灵。据传说,池王爷之所以"黑脸"是因为吞服了瘟疫药,这也是他舍己为人的见证。

受封后,池然托梦于马巷五甲尾乡绅耆老,于预定时刻在乌甜脚的水井中现出本像,马巷人因此于五谷市建庙以祀之,明天启年间,该庙迁建今址。自明迄今,元威殿威灵显赫,香火鼎盛,名闻遐迩,一年四季,谒拜者成群结队,络绎不绝,每年池王爷寿诞日,更是人山人海,盛况空前。明末清初,郑成功收复台湾,池府王爷信仰也随之传到台湾,三百余年来,传遍台湾及东南亚各地,传炉分坛达三百六十余处。上世纪80年代以来,台湾及海外的进香团络绎不绝,元威殿逐渐成为海峡两岸文化交流的重要基地。

乞丐身皇帝嘴

马巷有一桥,名为"倒桥","倒桥"是"屡造屡倒"之意。

这座"倒桥",民国版《同安县志》称相传为罗隐所谶破。

罗隐本地谐音称"路远",唐末余杭人(833—909年),原名横,十举进士不第,改名隐,字昭谏。罗隐擅长诗文,其诗多讥讽、诙谐,与罗邺、罗虬同称为"三罗",著有《谗书》十六篇、《甲乙篇》、《淮海言》等。罗隐晚年到处流浪,曾从晋江进入同安。在晋江留有不少的传说,据说罗隐曾往罗山,后以姓冠其山名,深沪因其题字"深沪"而得名。在同安的汀溪、莲花一带留有不少的所谓"路远谶破",被神传为乞丐身、皇帝嘴,即"说到走到",他的嘴巴像皇帝一样灵验。罗隐在莲花流浪三年,据传在南安和翔安大帽山农场交界的黄巢山死于黄巢的剑下(即古传黄巢试剑),黄巢也自杀于此,故南安市有黄巢山、黄巢村。汀溪上游的洪济桥头盖有罗隐庙,人们崇拜他而每年春秋祭祀。

罗隐云游到马巷舫阳、朱坑地界时,正好倒桥筑成完工奠安,邻近有关村庄的农妇备办三牲礼物来桥边祭谢地基祖、孝敬土地神。罗隐走得精疲力尽,又饥肠辘辘,便上前好语相求乞讨,这些农妇不但不肯施舍,还破口大骂。罗隐也不生气,也不怨恨,只是说:"你免大小声,年年修桥年年倒!"这一说,每逢台风暴雨,山洪暴涨,桥就倒了,接连修了多次都屡修屡倒。查此桥正处于双溪口,这里又是个大曲弯,加上桥墩地基挖不深,砌造简劣,又未植防护林,故每逢山洪暴涨,洪水冲塌两边溪岸,桥墩就被漂走了,桥哪有不倒之理。

神奇的鳄鱼屿

鳄鱼岛位于翔安滨海西南方的浔江口,距陆地最近点只1.4公里,东北—西南走向,长0.61公里,宽0.12公里,面积0.13平方公里。其西南部凸起似鳄鱼头、东北低处狭长如鳄鱼尾,似两条鳄鱼相交横卧海面,随波荡漾,故称鳄鱼屿(原名白屿)。海岸线长1.74公里,周围水藻生长带长0.3～3.1米,是渔民木帆船天然的避风坞。

岛屿周围多泥沙质,是文昌鱼繁殖最理想的地方(文昌鱼多生于沙质滩涂),四周遍布红树林,是一道亮丽的风景线,屿上表层多红土,上有耕地四十五亩,村民在此种植地瓜、花生、高粱,岛上还有一口淡水井,清醇甘甜可口,水井供浇灌庄稼及上岛耕耘的农民中午炊事饮用,久旱不涸。这里四周被浩瀚的大海环抱,唯独这口井水是纯淡的,游客深感好奇,到此非尝一口不可。

这里奇石嶙峋,树木苍翠,花香鸟语,是海鸥、白鹭的栖息地,四周碧波荡漾,海上千帆竞发、风光旖旎,是垂钓、游泳海水浴、划船、避暑休闲的好去处,亟待开发的处女地。

几百年前,鳄鱼屿实为安山属地。据传林希元调任南京大理寺丞时曾回乡探亲,时洪朝选年方十岁,前往拜谒希元,出示所作的诗文,林希元惊叹曰:"非人间凡品也。"遂将侄女林瑞英许配他为妻并把鳄鱼屿当做嫁妆,故古时洪氏年年还要向琼头收取地租供祭祀祖宗之用,直到解放后方划归琼头管理。

  鳄鱼屿还有一个令人心驰神往的传说：相传唐宪宗元和年间，韩愈任潮州刺史，闽海上鳄鱼成群，为害渔民，韩愈立意为民除害，写了"祭文"，勒令所有鳄鱼三天内必须往外洋生活，否则格杀勿论。当时在琼头与刘五店海面上有条凶顽的鳄鱼精，偷偷逃进内港，经常兴风作浪，为害民众，曾变化成白衣美女，潜进县府衙内陷害县官，闹得民心慌慌。那年，朱熹主簿同安，早就听闻鳄鱼精为害一事。那夜更深，朱熹正在伏案批阅公文。忽一阵冷风袭入衙内，接着一股白烟滚滚冲进他的书房。朱熹定眼一看，鳄鱼精又变成白衣美女，企图侵害于他。他立即把手中的红笔掷向白衣美女，忽听"哀呦"一声，红沙笔掷中美女的肚脐，美女化成一缕白烟急忙窜逃。第二天一早，朱熹派人沿足迹追踪，一直追到离琼头海面一公里多处，浮上一层岛屿，这就是鳄鱼精死后化成的岛屿，其尸体腐烂后生出许多小虫，这就是文昌鱼。故文昌鱼又称"鳄鱼虫"，成为民间的美味佳肴。鳄鱼屿的传说真假与否，并不重要，但它给鳄鱼屿增添了丰富的文化内涵。

姑井红砖塔

新圩镇庄安村姑井自然村原住辜氏,当地无溪涧以供灌溉,十年九旱,辜氏挖大井汲水抗旱,故以姓氏命名为辜井。明代陈氏迁入,改写"姑井"。该村至明代止有三座砖塔,现余两座,一座据说于早年不翼而飞。

走进姑井村便可见两座红砖塔。两塔相距三十米左右,一座已坍塌,只剩一半,高四米;另一座比较完整,塔身为平面空心五级,密檐为六角菱形,底座周长十二米,逐级递减,高五米多,葫芦形空瓶刹顶,由纯砖、脊筒、垂珠、砖拱构成,瓦筒垂珠印有浮雕云纹及水莲花、珞璎、盘龙及双龙戏火珠等图案。系为元末明初建筑。第一层正面有一方门(佛龛),内供释迦佛祖。这是厦门境内仅见的砖塔。本地目前已发现的都是石塔,如梅山的婆罗门塔、东界石塔,吕塘内港湾的小石塔,但未见有砖塔。该村的砖塔还有一段有趣的传说,据传明初陈氏迁入,定居后族人不长寿,到壮年就去世,因此人丁不兴旺。村人急请风水地理先生前来问卜。风水先生说因为妖魔鬼魅聚集,让村民在村西南方一里地之处造三座砖塔,供奉释迦佛祖以镇煞妖气,他们一一照办,果然就此年丰人寿,安居乐业。还有传说认为,该村是"麻雀穴",村民怕麻雀飞掉,失去宝穴灵气,就造三座砖塔,代表三根"网柱",寓意罩网护雀,使麻雀飞不走。

鸿渐山的由来

翔安区与南安交界处有一座山，名叫鸿渐山。鸿渐山方圆十六平方公里，西北处东南走向，东西陡峭，南北平缓，周围山峦均在三百米以上，拱卫五百多米的主峰。主峰形似鸿鸟，高峻挺拔，昂首屹立。

鸿渐山森林茂密，怪石嶙峋，山洞延伸。站在顶峰俯视南安的石井镇、金门、厦门、集美、翔安的城镇乡村，田野、船帆，海天一色，蔚为壮观，尽收眼底。鸿渐山的自然景观这么美丽，传说更是神奇。

相传一千多年前，唐末农民起义军领袖黄巢的部队浩浩荡荡入闽，沿漳泉古道跨过小盈岭，进入古同安地界。起义军到来之前，当地统治者煽动百姓坚壁清野，造谣说黄巢是杀人百万，血流千里的魔王，说黄巢曾写过一首赋菊诗"待到秋来九月八，我花开后百花杀。冲香阵阵透长安，满城尽披黄金甲"，将诗中前两句作为黄巢杀人的依据。百姓听信谣言，人人谈黄色变。

声势浩大的农民起义军在鸿渐山下扎下营盘，百姓不知详情，反而协助官府攻打起义部队，与黄巢部队展开厮杀。流离失所的村民更加相信官府散布的谣言，周围村庄的乡民不分男女老少纷纷逃往山里，钻进处于半山腰深涧旁的千人洞（1958 年，民兵和解放军剿匪时曾进过这个天然石洞，遗憾的是，开山采石几十年，洞口已无处寻找）。有一天，守在洞口的大黑狗见士兵采摘野果挖野菜就狂叫起来，黄巢部队的士兵发现动静后立即冲上半山腰，发现洞口，误以为洞里躲藏着官府的残兵败将，便点燃毒草投入洞里，熏死了一千多人。过后，黄巢亲自下洞察看，发现死者都是无辜的村民，黄巢勃然大怒，下令将滥杀无辜者斩首示众。有人为之求情，盛怒之下，一向纪律严明的黄巢以手中之剑劈向身旁的大石头，削去一角，凛然正色道："再求情者有如此石。"从此后人就将此山叫做"黄剑山"。

"鸿渐山"、"黄剑山"命名的由来，哪一种说法正确已经无法考证了。古代诗人到此一游，曾弄墨题词"山峰耸拔高骞，如鸿之渐于逵"，故将此山美称为"鸿渐山"。

大嶝虎头寨

听老一辈人说,很早以前,闽南地僻,人烟稀少,遍野荒凉。那时,浯屿岛(金门岛)仙山上有一对恩爱相敬的老虎夫妻,它们常常遥望大陆上的鹊山,这鹊山在鸿渐山脉,老虎夫妻特别向往在那山高林密的地方安家落户、生息繁衍。

盛夏的一天,海水涨满,正是丽日蓝天,风平浪静。老虎夫妻俩高高兴兴地离开故地仙山,下海泅向大陆。游呀游呀,它们过了角屿,绕过小嶝,穿越沙线,继续向着西北方向边泅渡边嬉耍,活像泳池里的一对情侣。当游到大嶝岛东北角时,正巧海水退潮,看到大嶝岛上团花似锦,想想不如先上岛欣赏美景,待涨潮时再向北游,于是它俩便在松软的沙滩上嬉闹上岸。

突然间,雌虎脚下踏空,后腿陷入虚松的泥沙中,想挣扎拔腿,不料愈动愈往下沉。雌虎发出声声哀号,眼看雌虎快没顶了,雄虎急得口张眼红,甩尾摇头转圈子。在这危急关头,雄虎不顾一切,大吼一声冲进泥坑,虎头一低对准雌虎奋力一顶。这一顶,雌虎前脚上了岸,雄虎自己却陷下去了。当惯了百兽之王的雄虎何曾如此窝囊,但是越咆哮越是往下沉,不一会儿,水坑泥沙中就只剩下昂起的虎头了。奄奄一息的雌虎,眼睁睁地瞅着雄虎陷入绝境,声声哀鸣响遍沙滩。雄虎凝望着雌虎,眼泪纵横,用尽最后的气力叫道:"妻呀,妻呀!你已怀上虎崽,保住我们的孩子要紧,上岸逃生去吧。"这时候,涨潮了,一片乌云压过来,下起雷雨,只听雷声隆隆、浪涛呼啸,渐渐地,雄虎的低吼、雌虎的哀号都淹没在海浪雷声中了。三天过去后,雄虎沉陷的地方突现一个小屿,那小屿活生生就像虎头,仿佛三天前雨浪中喘息挣扎、不甘沉没的那头雄虎。雌虎拖着怀崽的肚子,来到鹊山定居。

　　几年后的清明节,有人看见一只大虎带着一只小虎游到小屿上,前爪搭地作叩伏状,声声哀号甚是凄婉。人们争相传说这件事,就把大嶝岛东北角的这个小屿叫做"虎头寨",当地人都奉拜此小屿的虎神为"虎相公"。今天,此屿犹在,由于海浪的不断冲刷,这个原来有五百平方米的虎头寨,到目前只剩下一百平方米左右了。

闽南"大九架"

闽南地区处处可见"大九架"这种民房建筑式样,翔安又是闽南之最。这种民房建筑式样据说是明代翔安籍太监张敏发明的。

有一天,张太监在皇宫里侍候皇上,一只黄蜂钻进他的帽子,把他蜇得眼泪直流。皇上问他:"你为什么流泪?"张太监慌忙跪下,心里想:如果照实说吧,不免闹笑话,还不知道皇上高兴不高兴呢,不如撒个谎敷衍过去算了。恰好这时一阵风吹来,张太监灵机一动,便回皇上说:"奴才突然想起家乡一年几次台风,每次台风袭来便飞沙走石,墙倒房塌,父母兄弟十分凄惨,因此伤心流泪。"皇帝听后随口说:"那你为什么不盖宫殿呢?"张太监忙叩个响头,说:"奉旨,谢皇上恩典!"

于是,张太监在家乡就仿照宫殿的式样盖起房子来。事后,皇帝又想:不好,民间一盖起宫殿来,不就反了吗?于是连忙派钦差大臣赶到金门去制止。但太监已经盖好两进大屋,屋脊也已盖好,屋顶双边也用瓦筒铺好三行。俗话说"皇帝嘴,开口就算数",皇帝只得允许张太监把房子盖完,但除了三行瓦筒外,其余必用普通瓦片,第三进大屋只能开偏门,不能三个大门直通,以便和宫殿区别开来。

所以,闽南一带虽然普遍盖这种宫殿式的房子,但瓦筒只能铺三行,如果盖三进三屋,第三进一定要开偏门,这种习俗一直延续到现在。

澳头蒋苏家庙相连

在翔安新店澳头村的海滨,有紧相毗连的蒋苏两姓家庙,乍见似一座三进庙宇,其实这是各自独立的蒋氏家庙和苏氏家庙,相距只有不到一米,隔巷各为整体。两家庙均为翘脊飞檐燕尾式古建筑,规模壮观,设计独特,颇具历史价值。

两座庙宇前后共占地六百多平方米,面临大海,蒋氏家庙在前,隔海遥对鹭岛五通,苏氏家庙在后,后有百年古榕树两棵,枝繁叶茂,苍郁参天。

据传早年蒋姓将闺女嫁与苏姓为媳,把蒋氏家庙后的一块面积约三分的空地作为嫁妆,以后婿家致富,事业有成,为报先辈养育之恩,在这块地皮上建起单落家庙,座向一致,只是围墙内留一宅,向南开大门出入。蒋苏两族敦睦繁衍、唇齿相依、荣辱与共,俚语谓"苏蒋同条龙"。

抗日战争期间,遭敌机敌舰狂轰滥炸,村民流离失所,房屋家庙亦难免于祸。蒋氏家庙前落被炸毁,家庙虽无倒塌,但墙壁受弹片破损,所存部分年久失修,瓦木倾颓、疮痍满目。国内改革开放后,海外乡亲络绎不绝返乡寻根谒祖,为报"祖先恩泽"而使子孙"明义知根",商议发起重修家庙,海内外同心协力,共襄盛举。1987年,由旅居新加坡乡亲蒋思永、蒋最初、蒋壬江、苏南宫,马来西亚苏福山,美国苏长含等带头捐资,旅外乡亲纷纷响应,委派苏钊政、蒋本立、蒋才照、苏圻快等专程回乡筹划主持。一切依照家庙原有的体式,重新兴修。

蒋氏家庙占地面积四百多平方米,重修为石木结构,屋脊高翘,外观雄伟。内外墙壁饰有浮雕,山水花鸟,栩栩如生。大门石柱镌刻的对联是"福全将相源流远　鳌海魁元声价高",厅堂的对联是"四海为家永教后生认根本　千秋作史毋忘前世开基人",寓意深远。后厅半圆柱刻有蒋氏昭穆诗"永远绵世泽辉煌玉树荣""天彩寿山丽人才福海生""承先绥骏烈昌嗣启鸿图",使后人传代昭穆有据。后厅壁上的"重修碑记"刻着捐资者的芳名。

苏氏家庙坐西朝南,仍有一个大埕、一座戏台,遥对金门岛。整座外墙都以红砖雕砌,朴实无华但气派非凡,门户皆以花岗岩镌刻,大门上石匾"苏氏家庙",对联是"芦山衍派源流远,鳌海分支世泽长"。走进大门为一围宅,左侧留有早年捐建家庙芳名石碑一块,围墙上有一巨幅麒麟浮雕,四蹄开张作奔腾状,形态逼真。左右还雕刻鹿鹤图像各一幅,均以五彩瓷片剪贴装修,工艺精湛,古朴高雅。海外乡亲回乡拜祖,观后颇感情趣,纷纷在此图前留影,作为永久纪念。

1988年年底,苏姓家庙三座及蒋氏家庙一座全部修葺一新,蒋苏家庙,蔚为奇观。落成庆典期间,新加坡、马来西亚等地及泉州晋江福全宗亲、同安苏氏芦山堂宗亲都选派代表前来欢聚同庆,盛况空前。

坑园埔的金母鸡

　　翔安香山脚下有一个地方叫做坑园埔，宋代时，这里是一个小镇。传说小镇里住着一个姓陈的寡妇。陈寡妇早年失去丈夫，和儿子相依为命。那时，寡妇备受社会歧视，陈寡妇常常受土豪劣绅欺负，受地痞流氓的侮辱。为了活命，陈寡妇常常替地主打短工。那一年，儿子不幸得病撒手而去。为了埋葬儿子，她不得不向地主黄老刀借高利贷，哪知这把她送入痛苦的深渊。不到一个月，地主黄老刀天天上门逼债，陈寡妇不得不变卖家产，还是还不清这阎王债。

　　被债务弄得焦头烂额时，养的母鸡却给陈寡妇带来意外的好运。这只母鸡金灿灿的羽毛，个儿又大又胖，生蛋特别勤，蛋又圆又大，闪着奇异的金光，叫人看了特别喜欢。她把母鸡生的蛋送到街上卖，卖了好价钱。回到家里，望着母鸡咯咯地叫，陈寡妇仿佛看到希望，就把家里仅有的半缸稻谷用来喂养母鸡。就这样，她没几天就上街卖蛋一次。

　　陈寡妇家母鸡生金蛋的消息传到黄老刀的耳朵里，他认为发财的机会到了，急匆匆跑到陈寡妇家，又是逼债又是哄抢，硬要抢母鸡。陈寡妇据理力争，但敌不过凶恶的地主，母鸡还是被抓了去。

　　母鸡是陈寡妇的命根子，失去母鸡等于一切希望落空。自从母鸡被抢，陈寡妇便一病不起，最后离开人世。黄老刀抢走母鸡之后，满心欢喜地把母鸡养在家里，整天望着母鸡,希望它生金蛋。左等右等,母鸡就是拉屎不下蛋。心急如焚的黄老刀再也等不下去了,他抓起母鸡,扒开鸡屁股看一看是否有金鸡蛋,哪知母鸡一挣扎,飞起来猛地啄黄老刀,黄老刀被啄瞎了。

陈寡妇死后被葬在坑园埔的乱坟冈里,不久,她的坟墓出现奇异的现象。赶夜路的人经常看见陈寡妇的坟墓旁有一只金母鸡在觅食,金母鸡浑身金光闪闪,像一堆会移动的金子,有时还有小金鸡跟着金母鸡游戏。人们说,这是金母鸡舍不得离开陈寡妇,在坟旁陪她。传闻一传十,十传百,整个香山地区的人们都知道了金母鸡的消息。许多地痞流氓都想一夜之间成为百万富翁,都趋之若鹜。每到夜间,在乱坟冈上,就有人等候捕捉金母鸡,可总是令人失望。守了一夜也没等到金母鸡,看到金母鸡的影子但却如捕风捉影,到头来还是两手空空。有一个作恶多端的地痞叫黄狗,他也想得到金母鸡,费了好多心思,连一根鸡毛也没得到。最后他想了一个恶毒的手段,用稻谷浸砒霜,撒在陈寡妇的坟墓旁,企图毒死金母鸡。

有一夜,他像往常一样,守在乱坟冈上。突然,他听到咯咯叫声,定睛一看,金母鸡出现,在毒稻谷边上走动。他兴奋极了,他想这回金母鸡一定吃毒稻谷,必死无疑。想着想着,他不顾一切扑上去,"啊"的一声,脚深深陷入坟洞,身子一歪,脚骨头被扭断了,金母鸡却"籁"的不见了。第二天,当人们把黄狗抬回来时,他已经气息微弱,不几天就死去了。人们都说,他坏事做绝,遭到如此报应真是活该。自从黄狗死后,再也没人敢到乱坟冈捉金母鸡了。

内厝出米岩

出米岩在翔安东部,白云飞山麓,古属民安里八都,今内厝镇境内,距古道店头铺一里之遥。

出米岩三面环山,上连大帽山,下接小盈岭。峰峦突兀,树木蓊郁,奇石峥嵘,自北逶迤奔跃而来,横亘数里,气势磅礴雄伟。首峰地形山势酷似玉猫扑耗子,左脚压住耗子,右脚作戏弄之状。相传古时这只猫精经常窜到沿海猎食腥鲜,故浔江海域的鱼虾都有眼无珠。南宋末大道真人吴夲巡狩到此,发现猫精作祟,便显灵要求当地乡绅在原三宝佛祖庙右侧建宫殿坐镇。宫前筑一旗杆作为猫枷,封上符箓,把猫精枷锁住,从此这里风平浪静。山形石状当然是自然的造化,但有趣的神话传说使寂寞的山峰增添了神秘色彩。

出米岩东侧的乌营寨,海拔五百米,是这里群山的制高点,当年宋幼主赵昺就在此设瞭望哨,元军从小盈岭闯入这个"布袋口",能进不能出,成了瓮中之鳖;宋军居高临下,大有"一夫当关万夫莫开"之势。出米岩虽是宋军军事布防重地,但军粮是宋军的一大难题。宋军驻跸此岩时,已兵疲粮绝,山穷水尽,只得祈求天帝降福赐粮。宋帝的真诚感动了天帝,天帝派天神下凡施法为宋军送粮(据传泉州府库粮仓所有稻谷都变成粗糠,天神拿泉州府库粮仓的粮食送给宋幼主)。出米岩山麓有天然巨石一块,石中有一穴,相传让泉州府库粮仓的稻谷从这石穴中源源不断地冒出来,供宋帝昺从食用。奇怪的是,石穴流出的大米总是刚好足够食用。从此这片岩石被誉为"出米岩",代代相传。

宋军驻扎于出米岩,第二个困难是缺水。正当将士们口干舌燥,滴水不沾之际,出米岩有一处石缝(御罗石下)突然涌出一股泉水。相传这是玉猫奉天帝圣旨为解宋帝用水之急而挤出的乳汁,泉水呈乳白色,涓涓流入军营,供宋军兵马饮用,故被雅称为"圣泉"。几百年来,"圣泉"源源不绝,哪怕数年干旱,仍然细水长流。

出米岩的"三宝佛祖"也不甘示弱,为保佑大宋江山,显化生钟一口,供宋军作指挥号令之用。宋幼主撤出出米岩后,元兵追随而至,这时大道真人再显神威,在宫门布上密密麻麻的蜘蛛网,呼风唤雨,下起一场倾盆大雨,把沿途宋军的人马足迹冲刷得一干二净,迷惑了元军。元军尾随而来后断定出米岩没有大军驻扎过的迹象,就改道追击。"三宝佛祖"庇护宋军平安地从磁灶尾撤离,真是"鬼护神输"之造化。事后宋幼主有感于保生大帝的恩泽,特赐其"五爪龙哺",这是其他地方所没有的。

不知又过了多少年,出米岩古庙来了一个贪心的和尚。他嫌石穴出的米太少,想把石穴弄得更大点,好弄到更多的米。有一天趁着黑夜,他偷偷地就干开了,他在山上砍下了一支竹子,朝着这个石穴使劲地捅,可没想到这一捅,不但出米量未增加,米洞反而堵死了。所以当地有"出米岩和尚——想多连少无"(意思是想得到更多反而什么都得不到)的歇后语,意在劝人莫贪。

牛心石的传说

从新店镇往莲河方向走,过西林村不到一公里处有一段陡坡,坡顶南端有一块高高耸立的巨大石头,形状如同牛的心脏。这块石头足足有五六米高,十来个人手拉着手才能合抱。石头长年累月经受日晒雨淋,色泽乌黑,表面长满朵朵白色苔藓,就像一块黑布上印着白花。走在路上,很远就能看到这块陡坡顶端的石头,人们把它看作方位坐标,称为"牛心石"。

牛心石下的那一段陡坡,人称牛心石崎。牛心石崎坡度大,人们爬上这一陡坡,总要在坡顶上喘口气,歇歇脚,顺便欣赏一下牛心石。这酷似牛心的石头,总是让人产生几许迷惑,生发无尽联想。

传说在遥远的古代,陡坡北面有一个小湖,叫做"洪塘湖"。湖水清澈,鱼虾成群;湖面莲花飘香,莺飞蝶舞。湖岸上有一大片农田,长满绿油油的庄稼。由于有洪塘湖湖水的灌溉,庄稼长得特别好,年年获得好收成。可惜好景不长,不知从哪一年起,洪塘湖上来了一条恶龙,在湖中兴风作浪,吃光了湖中鱼虾,还经常到湖畔糟蹋庄稼,掳掠家畜。从此,这一带庄稼年年歉收,村民们人心惶惶,无心劳作,苦不堪言。

牛心石崎南边有一个村子叫做"林边",村子里有一户人家,主人姓洪名实,洪实家里养着一头老黄牛,是从他爷爷那一代传下来的，到他手里已经七八十年了。那头牛能通神，遇到奇怪的事总是会有异常反应。在黑灯瞎火的夜里，这头牛能辨认出是否有鬼神出没。这头老黄牛已经为主人辛辛苦苦劳作了几十年，对洪塘湖畔的农田有着深厚的感情。恶龙在农田里作恶，糟蹋庄稼，它亲眼目睹，对恶龙的所作所为深为痛恨。

　　这一天，它和主人到湖畔的农田里耕作，发现大片农田遭到恶龙蹂躏，原本长势良好的庄稼被糟蹋得东倒西歪，眼前一切令它着实心疼。主人洪实无奈的叹息更令它心头火起，老黄牛急红了眼。这时，它听到阵阵沙沙声，定睛一看，离它不远的农田里，恶龙又在耀武扬威，张着血盆大口，在庄稼地里肆意践踏撕扯。恶龙经过的地方，庄稼横七竖八地倒了下来，有的只剩下茬头，有的躺在地里仿佛在呻吟。

　　老黄牛眼里喷出愤怒的火花，冲着恶龙奔了过去。它瞪着滚圆的眼睛，低着头狠狠地向着恶龙顶去。恶龙见黄牛扑来，马上翻身闪到一边。黄牛一顶落空，鼻孔里喷出一股浓烟，转身作势又向恶龙顶去。这一回，恶龙扬起它的两条长长的龙须像鞭子一样向黄牛甩去，长长的龙须死死地捆住黄牛的脖子。恶龙张开血盆大口咬住了老黄牛的头，老黄牛也用牛角死死地抵住恶龙的头，它不顾被咬的疼痛，使劲往前顶，尖尖的牛角深深地插入恶龙的眼睛。

　　这一场恶战，从地头战到湖畔，又从湖畔斗到湖边的小山丘，一时天昏地暗，日月无光，黄尘滚滚，血流满地。群兽见了纷纷躲避。山野间，鳞甲四散，牛毛飞舞。恶龙终于力竭，瘫在小山丘上，奄奄一息。老黄牛尖尖的牛角还深深地插在恶龙的眼里，血不停地往外冒。垂死的恶龙拼尽最后的力气狠命一挣,把老黄牛甩到对面的一个小山头,这个小山头就成了今天的牛心石崎。老黄牛为了保护村民的生命和财产流尽了最后一滴血,它的尸体慢慢地腐烂了,可奇怪的是它的心却长久不腐。不知经过多少岁月,那牛心慢慢地化成椭圆形的石头。光阴荏苒,岁月流逝,牛心化成的石头慢慢变大,成了巨大的牛心石。

今天,人们常常在牛心石旁久久地停留,怀念老黄牛那感人的事迹。细心的人们还会发现,湖对面的小山丘一带,地里有着许许多多的云母片,据说那是恶龙死后留下的鳞甲呢。

狗母山是风水宝地

翔安区新店镇洪厝村的东南部有一座山，名叫"九宝山"，因为谐音，老百姓称之为"狗母山"，名为山，实是一座小山岗。宋朝时这座小山岗周边居住着数以千计的欧阳姓氏族人，明初迁界海禁，欧阳氏迁居同安大同镇胡厝宅及汀溪镇的坤泽洋定居（现欧阳氏族谱尚有此记载）。随着时间的变迁，现九宝山为翔安洪厝的属地，山上没有人家居住。

古时候，九宝山上长满松柏树，传说那些树是南宋"三瑞"洪迈（洪厝始祖）据仙祖托梦择居于此的标志。现在山岗上相思树遮天蔽日，冬夏常青，空气清新，环境宜人。山岗北麓还有一窟质咸味苦的温泉，四时不涸，热气腾腾，可供人们浴疗皮肤病，常人浴之，再淋以淡水，颇有清爽舒适之感。更妙的是，山岗上奇石各具形态，据当地人介绍，有刀桥石、笔架石、棋盘石、金箱石、玉印石、石梅石、仙床石、石龟、石牛，唯妙唯肖，栩栩如生。相传古时曾有仙人在此生活，他们以神力雕塑岩石作为各种生活用品，这些岩石就成为现在的奇观。这些奇观合为九件宝，故名"九宝"。洪厝祖祠有副楹联，联语曰"东宝西金明秀拱朝应卜地灵人杰南龟北鲤精华聚类定期凤起龙腾"。"东宝"即指九宝山；"西金"指九宝山南侧有一圆形小山丘，山上的土、沙、树木均似金色；"南龟"指石龟山；"北鲤"即鲤鱼石墩。此外，祖祠又有"九宝钟龙脉美轮美奂裕后昆"的题词。这些清词丽句揭示出九宝山的地理形胜，说明九宝山历来就是风水宝地。

小嶝前堡美人井

小嶝前堡妈祖庙东北角一百米处有一口井，称"美人井"，乃是小嶝岛十八景之一。

"美人井"建于宋朝，至今有好几百年的历史。传说，先人定居小嶝岛时，四面环海，"海水满满是，淡水一点也没有"。因特殊的地理环境，生活用水又咸又涩且经常断水。村里有位善良的讨海小姑娘名叫美人，不忍心村民们深受无淡水之苦，初二、十六必烧香长跪于地，苦求妈祖赐下一口甘甜水井。妈祖深受感动，托梦给美人，某时某刻在庙的东北角一百米处，刨开泥沙便能得甘泉。美人依据妈祖的"旨意"，刨开泥沙，果真一股清泉涌出，又甘又甜。从此，岛上便有了一口又甘又清的水井。为了宣扬善良小姑娘的公德，村民们便把这口井取名为"美人井"。

小嶝岛未建海堤时，因水井离海岸很近，井水会随海水的涨落而波动。涨潮时，水位高一些；退潮时，水位低一点。而且，水的上层是淡的，下层是咸的。汲水时，可要讲究技巧的！老年人说，井水通大海。

漫话通济桥

通济桥位于民安里十都董水溪上(今新店镇吕塘村),南起蔡厝村后珩自然村的象头宫,东至吕塘村董水前自然村的尊玉宫,为古时新店地区南部的后村、蔡厝、前浯、彭厝、欧厝、澳头通往东部的莲河并由莲河直达泉州地区的交通捷径。后村、蔡厝等地盛产海蚵、海鲜,当地渔民都从这里过海到莲河贩卖。那时莲河已是同安、南安往厦门、泉州的港口,是个小市集。后村、蔡厝渔民经常挑蚵来这里摆摊设点,故此地俗称"来蚵",雅称"莲河"。

董水溪为九溪汇合入海处。九溪发源于多处:一自香山北流经蔡塘;一自茶山经黄厝至横溪;一自九都老岭经内头;一自小盈岭后安至岭下溪;一自覆鼎经沙溪官塘;一自覆鼎经西塘;一自杏坑经店头至赵岗;一自出米岩经官路下至内田溪岭下;内田溪均至溪尾合流经董水溪过通济桥入海。平时流急潮大,村民往返东部只好搭渡船或等退潮,既不方便又不安全。北宋庆历前,大诞(今蔡厝)有一富户,富甲一方,其子欲娶后树社的潘氏女(时后树住潘氏),潘氏犹豫不答应,认为回娘家不方便,脱鞋卷裤管过渡,弄不好还会出人命。大诞富户为炫耀自家的富有,立即答应以石板砌一条简便通道,这样退潮时穿越就不用脱鞋卷裤管了。该道于庆历元年(1041年)建成,岸上建有供奉佛教菩萨的神庙,以祈庇佑往返平安。从此董水一带和南部就有了频繁的通婚，简便的石桥成为"鹊桥"。一百年后，该桥残损严重，淳熙间，善应大师大发善心发动民众化斋重修。元泰定三年（1326年），敬斋乐礼公又重新倡建，在原址向上游移动两百多米，该处溪床底有一块约三十多平方米的鲤鱼石。这是首选的好地点，石板桥的新址就砌在鲤鱼石上。石板桥有七个桥墩，六个排水孔，俗称"大空桥"（六坎桥）。桥高一丈八，广一丈，长一百八十九丈，两头引桥砌以不规则的石头。许多外地人应雇参加抢修，修后他们有的就在当地落户，如现在后树社的柳氏。经历五百多年的风雨，石板桥仍基本完好。明万历三十一年（1603年）八月，飓风大作，地动山摇，山洪暴涨，沿海埭田被湮没无数，通济桥被冲断二十多丈，损失惨重。后来，慈善家蔡云程又集资倡修。

董水地处董水海湾，明清时是翔安的主要汛口，属金门镇左营管辖，派有汛兵五名，乡勇若干名防守，配有哨船，原码头遗址尚依稀可辨。设立汛口原为稽查洋盗和缉捕奸民偷渡。董水的狮水麓（原为新厝社，住谢、李、董、柳等姓氏的人，现已废村）建有提督衙门，遗址尚存，是三进的土石木结构，为汛口办公所在地。提督衙门居高临下，雄狮（狮山据传是狮穴）张牙舞爪，虎视眈眈，监视着来往船只。

通济桥是沿海各汛口联络的主要通道，从刘五店汛口（属后营）经董水汛口可与陆汛口联系，一旦有警，全线行动，播下天罗地网，给洋盗及违法者以沉重的打击。解放后，随着围垦盐埕和养殖业的发展，通济桥这座古老的石板桥已完成了历史使命。

杨文广与乌营寨山

翔安区东部的乌营寨山，南接小盈岭，北承白云飞山，绵延数十里。历史上因有流寇在此安营扎寨而得名。

乌营寨山海拔五百米，其首峰形似飞蛾，据传乃飞蛾成精变化而成，称飞蛾峰。飞蛾峰顶部圆平，东西峻峭，南部平缓，周边小山峰突兀拱卫主峰，森林茂密，满山青翠。其东有一条路，名为老鼠路；西有一羊肠小道，道路狭窄、峻峭，称为"加奈（八哥鸟）跳"，意为人行此道如同八哥在跳跃；南坡野花芳香扑鼻，奇石峥嵘，气势雄伟磅礴；西南山脚下，村庄错落有致，古城镇——马巷雄伟秀丽的建筑历历在目。更远处，茫茫大海，水天一色，天光云色一览无余。

乌营寨山地形险要易守难攻，一人当关，万众莫开，特殊的自然环境和地理位置为流寇创造打家劫舍的有利条件。贼寇在此留下梁山泊好汉似的惊天地、泣鬼神的传奇故事，乌营寨山因此成为翔安区境内的名山。徜徉其间，掩映万绿丛中的断壁残垣似乎向人们诉说着曾经的金戈铁马、尸横遍野、血流成河。

当年有十八位闽国部将因不服大宋皇帝而拒绝议和，他们在闽南一带各自割地称王，是为传说中的十八洞主。翔安区内厝境内的乌营寨，新圩境内的金排寨都属十八洞。两寨相距约二十公里山路，互成犄角。遥相呼应。北宋皇帝在安抚好福建东部、北部之后，即派名将杨文广挥师南下,扫除十八贼寇。北宋军队披坚执锐,浩浩荡荡从小盈岭进入今翔安区境内,大有踏平乌营寨之势。

　　杨文广多次部署,指挥兵士攻打山寨,都被山上滚下的擂木炮石击退。杨文广无计可施,只好派人上山与寨主谈判。寨主提出:二十四节气中白露那一天如果刮东北风,就死也不投降;若是下雨,就归顺朝廷。杨文广与寨主谈判的时候,金排寨派兵偷袭宋军军营,领军的是美若天仙、武艺高强的金排寨主的千金小姐。杨文广与之交战多日,难分胜负,后来,被寨主小姐诱入山谷俘获。寨主小姐对英俊威武、年轻气盛的杨文广心怀爱慕,便软硬兼施欲招文广为夫。足智多谋的文广利用小姐情窦初开、一片痴情的弱点,要小姐帮他征服乌营寨,再和她结为伉俪。小姐答应了文广的条件,要手下士兵听从杨文广调遣。一切部署妥当之后,文广派一支部队从乌营寨西面佯攻,自己和小姐带领精锐部队化装成金排寨的军队经白云飞山北部平缓地带直插乌营寨后方。乌营寨后方的贼兵毫无戒备,文广军队如天兵天将突然而至,一把大火烧毁山寨。攻破乌营寨之后,小姐即刻要文广与她成亲,文广以向皇帝缴旨及向长辈禀告为由推辞。言语之间,生性刚烈的寨主小姐一怒之下拔剑自刎,以死殉情。

　　在扫平闽南十八洞之后,杨文广班师回朝缴功领赏不必多说,他在店头铺留下部分士兵驻扎,控制战略要地,维持地方安宁。据传明朝崇祯年间店头村的举人杨光堤就是当年文广士兵的后裔。

　　乌营寨山是群山中的制高点,南宋末年,宋军在此设置望哨,该地成为布防的军事重地。当年,元军追击宋末帝赵昺，从小盈岭进入店头村地面，遭到乌营寨山宋军的沉重打击，末帝赵昺得以逃脱。

明朝嘉靖年间，谭维鼎任同安县令时，海贼马三岱是漳泉地区的大土匪，他勾结倭寇，其部下有一小头目聚众盘踞乌营寨山，扼守古漳泉大道，截抢来往客商，侵扰附近村庄。据说谭维鼎命衙役押送贡银前往泉州府，行至马巷镇曾林后安村时，被埋伏此地的乌营寨土匪袭击，官差四散奔逃。贡银被抢劫之后，谭维鼎即刻率领军民剿灭乌营寨山上的土匪。

如今，杨文广征讨闽南十八洞、南宋幼主驻扎出米岩、乌营寨山设望哨大败元军、明朝同安县令率领军民剿灭土匪等故事早已传遍翔安大地，成为翔安文化的一部分。

太监碑传闻

从翔安香山—吕塘旅游区的西林村东头的大路经过，可以见到一座一人来高的石碑，这石碑矗立在路旁已有好几百年，花岗岩石面已变得灰黑，上面的文字也脱落不少。

很久以前，传说谁念完这石碑里的文字，就能获得十二瓮金银珠宝，传闻一传十，十传百，传遍十里八乡，秀才们蜂拥而至，都想得到意外的收获。他们兴致勃勃，面对着这千把字碑文想大展才华，然而不是为肚子里的墨水喝得不多而大失所望，就是没能读完全文，都败兴而归。

但那些没来过的秀才对碑文的兴趣似乎不减，都想来碰碰运气。有一天，一个头戴儒巾、身穿长袍的年轻秀才骑着高头大马，带着书童直奔西林而来。到了目的地，汗也顾不得擦，就向村民打听碑文的地点。获知方位时，他顾不得骑马，就迫不及待地朝村外跑去。看他那急匆匆的样子及那满是汗水的脸上挂着的自信灿烂的笑容，让人觉得他有十二分的把握，一定能读完全部碑文，更能获得那十二瓮金银珠宝。

年轻秀才一阵小跑，来到石碑前，望着碑上的篆体和楷书文字，一切是那么熟悉。他读起碑文来是那么顺口，那么流畅，胸中难免有些自豪和甜蜜。读着读着，眼看碑文就要读完，周围似乎比刚才还要明亮，一阵"呜呜"直响，石碑旁边的地不断颤动，十二个泥瓮从地里钻出，不断上升。金子、银子、珠宝的光芒在秀才眼前不停地晃动。可是,年轻秀才突然觉得眼前一阵昏黑:"咦,这是什么字呢?"一个怪字进入他的眼帘,似乎在字典里看过,但是却记不起来了。年轻秀才思索着,苦苦地在脑海里寻觅着。突然,他心里一亮,想起放在马背上的字典,急忙唤书童送字典来。也许是心急,也许是忙乱,东寻西找,这个字不知跑哪儿去了。一阵"呜呜"声,十二个泥瓮不断下沉,渐渐没入泥土。眼看到手的金银珠宝却因为一个字而失去,年轻秀才心中懊丧万分,一阵眩晕,一口浓痰堵住胸口,全身一软,便瘫倒在地。

　　几百年来,十里八乡还是不断地流传着读碑文就能获得金银的传闻。可从未看到有人读完它,更没人看到谁得过金银。也许是立碑的主人为了让人都来阅读碑文,故意放出这样传闻。此碑文刻着一个太监的生平与事迹。太监姓柳名智,字澄渊,号无碍居士,福建泉州茂旌占籍(现在的马巷西林)人,赐进士出身,中宪大夫。柳智是明朝中叶的太监,大约在明英宗至孝宗年间任职,凡六十年。少年时期,柳智的家乡常常受到倭寇的侵扰,哀鸿遍野,民不聊生。那年春天,倭寇又来侵犯,乡民们都四处逃窜,柳智因为年小,来不及逃走,被前来剿敌的明朝大将军收留,后来荐入皇宫,成为太监。由于他为人诚实,读书尚义,办事果决,薄于奢华,近于贤能,深受皇帝的赏识,官位不断提升。在宫廷主簿书,擢长随,司祭祀,晋奉御,授予玉牌金紫,又兼掌南京针工局,掌管内府戊字库,荣幸至极。任职期间,每想到民间的痛苦,都生爱怜之心,所以每到一处,柳智都捐银铺桥修路,致力于公益事业。

　　晚年时,柳智经常回忆起少年时期家乡亲人的痛苦生活，家乡前边的九溪常常泛滥成灾，成熟的庄稼遭到洪水的肆虐，多少房屋被冲垮，多少乡民被洪水夺走生命，多少灾民无家可归，这些总让他难以入寐，辗转反侧。那年，柳智从兄长的来信中得知家乡又犯水灾，于是携带省吃俭用积攒下来的银两，带着仆从，从京城日夜兼程，想回家去治理好九溪。这回一定要用生铁把九溪的两岸浇注起来，使它永远不被洪水冲垮，以一劳永逸。走了不到半个月，柳智已经赶到了福州。

柳智留在福州歇息，他让手下的人快马赶回家告诉乡亲们。不几日，手下的人急匆匆地赶回来告诉他说："我到了西林，只见田野被洪水破坏得不成样子。可当我到了村子，却找不到一个人。后来一打听，村民们不是在玩赌博，就是寻花问柳，都无心灾后重建。"柳智听了，心都凉了。他好心好意地准备回家为家乡做点好事，可族人却那么不争气，不抗洪救灾，而是成天耗费在赌场和"花间"（妓院），这怎能不叫人痛心呢？他长长地叹了一口气，流下两行热泪，再也无心回去疏通溪道，浇注生铁溪岸了，于是就叫手下的人打马回京。从此，他虽然做了不少的好事，可是没有再为家乡做过一件称心的事。

香山猴石

"猴精"一词,在北方多少还有点褒义,用来夸人精明能干。可在闽南,"老猴精"带有贬义色彩,用来说人刁钻奸诈。这不,在翔安区的香山上,就有一块形状酷似猴子的石头,人称"猴石",相传由刁钻奸诈淫乱的老猴精变化而成。

很久以前,有一只成了精的大公猴,不知怎的跑到了香山。大公猴经常下山糟蹋庄稼、果树,人们放铁夹、挖陷阱、下毒药……用尽各种办法也没能捉到这只狡猾的大公猴。大家转而用篱笆、荆棘、渔网来保护庄稼果树,可还是挡不住大公猴的糟蹋,农夫们苦不堪言。更有甚者,每年桃花盛开的时候,这只大公猴就会变化成斯文英俊的青年,蛊惑村姑农妇,淫乱村民妻子少女,香山脚下,百姓惶恐不可终日,不少村民每到桃花盛开的季节就举家外逃。

香山脚下有个茶山村,村里有个老人香山伯。一天,老人救了一个正要跳潭自杀的年轻女子。这女子名叫鸳鸯,是邻村的一个孤儿。前两天她招婿成亲,在洞房花烛之夜才发现夫君由老猴精变化而成。鸳鸯又悲又恨,觉得没有颜面见人,就想跳进深潭,洗刷这无尽的羞愧。香山伯救回鸳鸯,收她为养女,百般疼爱,视若己出。这鸳鸯长得水灵漂亮,又心灵手巧,村里人夸奖不已。

时隔一年,桃花又开了,茶山村的乡亲个个愁眉苦脸,家有少妻少女的纷纷准备搬迁外逃。香山伯也是愁眉紧锁,想要搬迁外逃,不知要逃向何方,再说自己年事已高,怕也经不起折腾;不搬迁外逃,又担心鸳鸯再遭毒手。正一筹莫展间,鸳鸯安慰香山伯说:"爹,你不用发愁,也不用搬迁,今年我有了主意,不会让那老猴精再为害乡民了。"香山伯不知道鸳鸯拿了什么主意,很担心地叮咛她:"那老猴精可是刁钻奸猾,你可千万不要做傻事。"

三天后的晚上,正是十五月圆的日子。吃过晚饭,鸳鸯把自己打扮得漂漂亮亮的,带上绣花的针线,独自来到茶园的小草棚,点上灯,装作专心绣花的样子,引诱老猴精。

果然,不一会就来了个潇洒英俊的青年,他推门进来,很有礼貌地道过打扰,说是要到香山文公祠参加诗会,走迷了路,一天没吃饭,想来讨一口水喝。尽管这青年斯斯文文、彬彬有礼,可是鸳鸯早从他邪恶的眼神中猜到他的身份。鸳鸯不动声色,满脸灿烂的笑容,起身招待这不速之客。她沏了一壶香茶,拿出一盘香果,殷勤招待这迷路的青年。青年人千恩万谢,可是没有就走的意思,唠唠叨叨说了一大堆肉麻的恭维话,还不断用色迷迷的眼神瞟鸳鸯,鸳鸯不仅不生气,还从里间拿出自酿的美酒,对那青年说:"十五月圆是良辰,当有美酒助诗兴。"那青年高兴得搔耳抓腮,可是一端起酒杯,却不敢贸然就喝,而把酒杯递到鸳鸯手里,要鸳鸯先喝。鸳鸯举起酒杯,一饮而尽,那青年这才放心痛快地喝了起来。他喝了酒,兴奋得又蹦又跳,大笑起来。这一笑,屁股后面就露出一截猴尾巴——猴精变化之后是不能笑的,一笑就露出原形,这就叫得意忘形吧。老猴精见露了原形,也就不再造作,立刻抱住鸳鸯,就要亲嘴上床。鸳鸯一边叫别急,一边轻轻抚摸它的尾巴,老猴精舒服极了,不一会,酒性上来,就呼呼地睡去。

鸳鸯找出又长又粗的三棱针,穿上很长很长的红丝线,鼓起十二分的勇气,向着熟睡的老猴精的胸口猛力刺去。老猴精惊醒过来,拖着一条红线,跳窗逃跑了。

鸳鸯拨亮小油灯,喊来香山伯和众乡亲,大家拿着锄头、木棍,沿着红丝线追去,发现老猴精躲在一个深深的石洞里。大家抱来干柴,裹着湿草,点起火来,一股股浓烟熏进石洞。从半夜熏到天亮,老猴精憋不住了,从洞里跑了出来。守在洞口的乡亲举起锄头木棍就打,老猴精奋力一跃,跳到半山坡,趴在那里不动了。人们追到那里一看,老猴精变成了一块石头。

鸳鸯智斗老猴精,为民除害的故事一下子传遍了四乡八里,前来求亲的人很多很多,可鸳鸯执意不嫁,要为香山伯养老送终,后来到香山岩古庙削发为尼,大家都称她"鸳鸯姑"。鸳鸯姑收留了许多苦命的妇女、孤儿,一代接着一代,至今人们还称庙中年长的尼姑为"鸳鸯姑"。

母亲河的传说

很早以前,东海龙王的龙子们长年生活在水晶宫里,闲得无聊,又闷得慌,虽然他们都过着荣华富贵的生活,婢仆成群,服侍周到,三餐美味佳肴,穿戴绫罗绸缎,可是俗语说得好"皇帝做久也会厌",他们多想跑出海底,到地面上开开眼界,观赏陆上风光,因此斗胆向东海龙王提出了这个请求。东海龙王起初面有难色,颇感不便,他深知孩子们的轻浮贪色,恐怕招惹是非,不肯答应,只得耐心说服。后来受不了纠缠,只好让他们出去一个月,让他们见识见识大千世界。临行时,东海龙王千叮咛万嘱咐,要孩子们遵守人间规矩,按时回水晶宫,切勿滋生事端。

一见父王点头,众龙子喜出望外,乐得连饭也顾不得吃,说走就走。九龙子往南一直窜到出米岩,来到锄山地面,一看满山层峦叠嶂,如车轮滚滚,逶迤奔腾而来,错落有序。山上奇石嶙峋,各具形态,美不胜收,俯视大地修行,密密茶林,青青蔗海,花木相间,水渠纵横,田畴如画,稻香阵阵,沁人肺腑。绿墙红瓦点缀其间,宛如蓬莱仙境,真是大开眼界。他们痛饮了竹坝醇香的米酒,饱尝了马巷盛名的三宝——烧炸枣、贡糖、封肉,真是大饱口福。饭后茶余,见车水马龙,原来是香山岩举办庙会,他们观看了精彩的武术表演,优美的山歌对唱,这是他们在水晶宫所未见过的艺术,他们如痴如醉,乐而忘返。玩腻了,下山闲游,眼看当地民风淳朴,夫唱妇随,农民勤劳打拼,事迹动人。村姑们头戴"文公巾",花容月貌,纯朴天真,山歌动听。他们早已垂涎三尺,伺机调戏,把出水晶宫时父王的叮咛抛到九霄云外,多次强暴村姑,弄得民心慌慌,民怨沸腾,许多人不得不离乡背井,远走他乡,生活不得安宁。

　　此事惊动了当地的土地公,他风风火火地上天禀告玉皇大帝,玉帝大骂"孽畜",立刻派八仙下凡收治。八仙接旨立刻按上云头,驾临凡间。他们商议先探虚实再作处置,何仙姑变成一个漂亮村姑,来到九龙子经常出没的地方,那九龙子见又来了一位美人儿,立刻赶上前来欲行非礼,何仙姑摇身变回原形,埋伏在周围的七仙也围上来。九龙子真是初生牛犊不怕虎,仗着人多,武艺高强,又有龙珠护身,就和八仙展开了一场恶战,打得天昏地暗,但他们总不是八仙的对手,吕洞宾亮出斩妖剑,铁拐李一时兴起,一拐打中九龙子的要害。九龙子大叫一声,立即吐出龙珠,变成九条白蟒。九条白蟒纷纷窜进香山、锄山、覆鼎、茶山、杏坑、九都、九岭、出米岩等化成九条溪。它就是如今的翔安母亲河。

　　东海龙王在水晶宫里等了一月又一月,一年又一年,望眼欲穿,思子心切,派出小卒四处打听龙子消息。得知九龙子吐出龙珠,化成白蟒,悲痛万分,悲痛之余,心怀报复,在其子被杀的每年农历七八月间,经常呼风唤雨,大作飓风,闹得地动山摇、飞沙走石,蓄意摧毁这些岛屿,收回镇殿之宝龙珠。此事为大慈大悲的南海观音所洞悉,为救苦救难,观音移居厦门五老峰坐镇,观音的善举感动了民众,大家集资在五老峰山峦建南普陀寺,奉祀观音菩萨。湄洲天妃娘娘也不甘示弱,赶来大嶝岛坐镇,庇护渔民出海一帆风顺,大嶝岛民众还雕塑大型的石像，永镇海疆。这些岛屿迄今安然无恙，只是金门岛被汹涌的浪涛劈开一个缺口，所以金门要奉祀风狮爷以镇风煞。

铁拐李完成使命后，正准备回天缴旨，忽闻香山娘仔墓告急，立即又驾起云头，来到香山地面，眼见一片刀光剑影，喊杀连天，元兵把香山围得水泄不通，知道宋室大势已去，元气已尽，回天无力，于是铁拐李就落脚在西林的狮山上，监视九蟒的活动，享受善信香火。所以，今人在狮山峦建清溪宫奉祀李仙祖。

为不使翔安膏泽流失外海，八仙还向释迦菩萨商借其守护神文殊、菩提的坐骑狮、象来坐镇九溪的汇合出海口，故翔安俗语说："狮象把水口，文章高北斗"，因此，马巷地区文运昌炽也就不足为奇。

雷打石传奇

新圩庄垵村后有座山叫"白石山仔",带个"仔"字,说明是小山,甚至不能算是山,仅是略微隆起的小土包。说来也怪,山上不长树,几乎连草都不长,整个全是细碎的小白石子。更怪的是,山顶上孤零零地矗立着一块硕大无朋的巨石,足有两三丈高,底座有几十平米。巨石上经常闪电光,出巨响,人们称它"雷打石"。

"雷打石"下,确实曾有人遭雷击毙,这是怎么回事呢?原来,白石山仔是来往新圩和马巷之间的必经之地,每当下大雨时,附近没有村舍或大树可以避雨,路人就躲到巨石崖下,一打雷,那避雨的人必死无疑!被雷打死的人都完好无损,没有丝毫的伤痕,也不见一滴血,只是衣服破碎,身上发黑而已。古时候,人们不能解释这一现象,于是,乡间流传着一个让人毛骨悚然的故事——

白石山仔原本连一块像样的石头都没有,女娲炼七彩石补天的时候,掉下了一块,正好落在这座山上。起先只是不起眼的小疙瘩,但这石头年年见长,变得硕大无比,久而久之,修"邪"成了石头"精"。

每当狂风暴雨来临之际,那石头精就变成美女出来勾引青壮汉子,然后吸干汉子身上的血。似此,时不时有青壮汉子弃尸崖石之下。

白石山仔的土地爷觉得兹事体大,便急匆匆上天庭向玉皇禀报。玉皇大帝即刻下旨,命雷公前去除妖。雷公抄着家伙驾着云头,来到白石山仔的上空,俯瞰发现那魔女正在作祟,便大吼一声:"大胆妖孽,竟敢如此放肆!"抡起千斤锤猛力砸下。顿时,霹雳巨响,火光四射,巨石被劈成三块,坍塌下来。石缝刷刷涌出殷红的血,不但浸泡着山上的白石子,还往下冲刷出道道沟壑。

从此,白石山仔太平无事。为了感念土地爷的功德,人们筹资在路旁建了土地庙敬奉土地爷。那土地庙至今尚存,且历久弥新。只是白石山上的白石子变成了黑褐色,山上的沟壑也是棕褐色的,这都是石缝流出的血被风吹干,被日晒干的佐证。

传说当然只是传说,雷打石是特殊环境所致。白石山仔虽不高,但四周都是低洼的旷野平川,显得鹤立鸡群,让人有突兀的高山仰止之感,山顶上那高耸的巨石犹如直插云天。石头上长满地衣、苔藓,又爬满青藤。每当"西北雨"来临,远山飘来的云到了低平的地界就往下沉,触及唯一的白石山制高点,放出正电。地气的负电顺着被大雨淋湿的草藤往上蹿。于是,正负电相吸,顿时咔嚓轰鸣,闪光四溅,产生了"雷打石"现象。

五娘石

翔安区内厝镇琼坑村,是泉漳古道的必经之地。古道旁,巍然屹立着一块巨大的岩石,高四米多,巨石底下压着两块大小基本一致都有几千斤重的石头。当地人们称之为"五娘石"。

陈三和五娘的爱情故事因为戏曲而家喻户晓,但他们在私奔逃婚途中经过琼坑至南安这段古道的遭遇却鲜为人知。这段古道东西相距五十多里,人烟稀少,是飞禽走兽的乐园。传说中陈三、五娘和奴婢三人自广东潮州府要逃回陈三家乡泉州府,一路不知饥饿疲劳,奔逃至此巨石底下。时值天黑又遇倾盆大雨,可能是老天爷有意要为难这对不受礼教约束的痴男怨女。五娘三人躲在巨石底下避雨至天亮。

第二天,太阳送走了大雨,鹧鸪鸟迎来结伴上山的漳州及同安的客商。客商们在巨石旁惊见五娘他们三人虽面无表情、狼狈不堪,但郎才女貌、气宇不凡,问其缘由,方知这对有情人的爱情遭遇。顿起怜惜之心,送他们干粮充饥,好言相慰。

在客商们的帮助下,陈三郎背起五娘,挽着奴婢一步一步蹒跚地朝着东方前行。五娘在陈三郎背上喘着声声粗气,滴滴泪珠连着句句歌——易买无价宝,难买有情郎……

陈三、五娘的爱情故事感天动地。为了歌颂陈三、五娘爱情的坚贞,纪念他们在这三块石头下避雨的经历,当地人把这三块石头命名为"五娘石"。

"奉旨迁界"

翔安区马巷镇沈井村祖庙存有一块石碑，阴刻着"奉旨迁界"四个字。这是厦门迄今发现的唯一的迁界海禁令碑，它印证了明清间厦门人民辛酸的血泪史。

历史上，沿海迁界禁海有两次。第一次是明太祖为断绝倭寇和陈友谅海上的残余势力之粮饷接济而下令迁界禁海。此次迁界执行至明成化十七年（1481年），长达一百一十三年，但时停时续。第二次迁界是清廷为困绝台湾郑氏政权而施行的，目的同出一辙，但具体情况却不相同。这一次迁界海禁更严重，波及闽、浙、粤三省沿海各地。清顺治十六年（1659年），郑成功、张煌言攻打南京城，因坐失良机，突遭清兵袭击而挫败，几乎全军覆没，只好从水路退回厦门，但长江两岸人民群众的响应，使清廷不寒而栗。郑氏失去漳州及广东的粮食补给后，困守金、厦。郑军发挥海上优势，多次挫败围攻的清兵。顺治十八年（1661年），郑成功率师东渡，收复台湾，作为抗清基地。清廷为了断绝据守海岛的郑军给养渠道，下旨海禁迁界。是年九月起，各地清兵强迫沿海各省的群众迁入内地，规定以距海三十里为界，沿海所有村庄夷废，寸板不得下海，数以万计的居民被迫离乡背井，妻离子散，惨不堪言。原来沿海建于明时经济比较发达的卫、所均遭破坏，最严重是闽、浙、粤三省。金门更是首当其冲，马巷的马氏，就是这时被迫迁往新圩，后在舫船山双佛公宫旁搭寮贩卖金帛迷信品,解禁后又不愿再回金门,故成为"马开基",马巷称"马厝巷"。洪厝的宗祠也不能幸免,时住九宝山的欧阳氏迁入汀溪镇隘头村坤泽洋及大同镇田洋村胡厝宅,他们从此定居这两村,洪氏又迁回洪厝定居。古同安许多姓氏都因为迁界而重新组合,如蔡厝原住李、蔡氏,村名大庭,后蔡氏再迁回重建家园,称"蔡厝";欧厝原住欧氏,现住王氏,这些姓氏的徙居都和迁界有关,可见当时朝廷强迫迁界,人民所受的浩劫。"奉旨迁界"石碑是研究明清史的重要文物,是沿海人民血泪的写照。

乡音乡情

翔安

　　街头巷尾的里巴闲谈，风趣逗乐的俗语掌故，把翔安乡音装扮得更加迷人。沉淀下来的文化正是民间传统文化的另类表达。

曾林松柏——出名①

马巷曾林村南的地名叫"松柏园",几百年前,这里是一片松柏林,几经台风的摧残,几经攀折砍伐,到了上世纪初,只剩下孤零零的一棵"松柏王"。

说它是"松柏王",一点也不过分。粗大的树身,要三个大人才抱得拢;树高二十多米,方圆几十里都看得见,即使在同安县城的岭顶向东望,也能看得见。因此,翔安人谁都知道曾林有一棵大松柏,外地人打听曾林在哪里,本地人就说:"有棵大松柏的那村就是。"

松柏树长大了,都会渗出松脂,这就是"松香",本地人称它为"萌油"。萌油很粘稠,又有芳香味,于是乡间人们用它来和药,能治疥疮,又能治癞痢头。小孩子也喜欢,把瓦片琢磨成圆形,沾上萌油贴在脚底,走起路来异常的感觉,特别有趣,像穿皮鞋那样咯嗒咯嗒地响。夏天,在竹竿末梢沾上松脂,用来粘"知了"(蝉)、"田婴"(蜻蜓),准是一粘就是一只。大人受小孩的启发,用松脂拌药水,能粘死苍蝇和蟑螂,也能防蚂蚁。

曾林松柏出名,不但是因为高大,更在于它特别能出松脂,"萌油"的"萌",方言和"名"同音,渗出松脂也叫"出名"。乡间人们生疥疮的人很多,可入药的松脂需求量很大,除了

---

① 曾林松柏——出名:音为"zān nǎ qniǔ bê—cùd miá",意为"盛名远扬"。

本村以外,就连邻近的百姓也通过亲朋好友来采松脂。仅此一棵松柏,当然供不应求。于是,有人撬开树皮往里面抠、刮,实在挤不出来,就干脆拿刀劈、削一块回去熏出油来。常年累月如此,松柏躯干靠村子的那一面,往内剜凹了一个大窟窿,虽然树还活着,但树干渐渐向南有了明显的倾斜。

终于有一天,那是上世纪 50 年代的一个夏天,一次强台风把大松树吹倒了。这真应验了那句古谚,"树大招风,名大招损",谁让它那么高大,又那么出"名"呢!过后,村里人用大松柏制作小学生的书桌,竟然一共做了曾林小学全校的一百多套课桌椅和老师的办公桌椅哩!让这"百年的松柏"继续为"百年树人"做贡献。

歹钱瘦念的①

上世纪初，市面上使用的钱不是纸币，全是硬币。面额最大的是银圆，中等的是银角和铜镭，最小的是铜钱。铜钱中间有个方井，称为"孔方兄"。铜钱原本就薄，流通的频率又极高，因此常磨损得很薄，又缺边少角，用这样的钱币找给人家，人家不大愿意要，最后只能打折兑换新的钱币。

住在马巷四角街的一个名叫瘦念的人，就做以钱换钱的生意。瘦念，又有人叫他憨念，可他一点也不傻，反而精明得很。

他通过关系套近乎，用完好的钱币向钱庄兑换准备报废的铜钱，相同的重量，废钱的面值往往是好钱的一倍以上。瘦念揣着从钱庄兑换来的废钱在街市上溜达，遇到有做买卖找不开钱的，他就以零换整，原本是一个铜镭换十个铜钱，他就以十一二个铜钱换人家一镭。给钱的人当然乐意，而收钱的人虽有犹豫也只好勉强收下，埋怨这瘦念的真多事，怎么废钱那么多。

从此，需要换零钱的找瘦念，他准有；不需要零钱的人，看见废钱都说："准是瘦念的。"翔安方言中，废钱就叫"歹钱"，于是民间流传着一句话："歹钱瘦念的"。

---

① 歹钱瘦念的：音为"pāi jní sán liǎm ê"，意为"一旦给人坏印象，就难洗清污点"。

王爷讲白话[①]

　　王爷公是农村供奉的主要神明，大一点的村子都有。乡下人都说王爷公是庇佑百姓的"挡境佛"。除了平时经常祭拜外，王爷公诞辰还要摆上几桌，热闹一番。

　　那王爷公都是木刻泥塑的，一动不动地端坐在神座上。不知从什么时候开始，也不知道是谁首创的，让活人作为神明的替身说话、行走，这样的活人就叫"乩童"。"出神"的时候，乩童就能替神说话，说的话跟私塾老师读书或古装戏的戏文差不多，是文言。

　　这天是王爷"出巡"的日子，八个壮汉抬着一顶辇轿，左右摇摆着，王爷公像就安放在轿内，乩童赤着身子站在轿子的抬杠上，挥舞着令旗，好不威风！后面跟着一大帮敲锣打鼓、扯旗放炮的，好不热闹。

　　浩浩荡荡的队伍行进到村外地头时，那乩童远远地看到一只牛正在偷吃自家地里的麦苗。怎么办呢？"退神"去赶牛吧，岂不露了馅，让人知道是假神；不去，那麦苗一定会被吃光，损失可就大了。这时，他急中生智，大声用文言神话喊道："牛食我麦！"轿下的善男信女根本看不到远处，人声嘈杂哪里听得清。再说，那种话谁又能听得懂？乩童见

[①] 王爷讲白话：音为"ǒng yá góng bê wê"，意为"直话明说"。

喊了好几遍,弟子根本没有反映,乩童急得受不了,跳下轿来,径直向麦田冲去,落下一句话:"完蛋了,牛在吃我的麦子!"这句话大家可都听清楚了,原来王爷讲白话了。

汉人"养道人"①

　　翔安人长辈责备下辈好吃懒做,饱食终日无所事事,经常用"养道人"来打比喻。原来"养道人"还有一段故事。元朝统治阶级对南方汉人实行高压政策,规定三家百姓负责供养一个元兵,这个元兵被称为道人,还规定只得养肥不得养瘦,汉人百姓都得以最好的菜肴来供养他,否则就要挨骂挨打,甚至被杀害。有一次,百姓以蚝煎汤给道人下饭,但蚝煮熟了经常会脱下肉沉于盆底。元兵吃饭时,只看到盆上面都是蚝壳,就大发脾气说:"有蚝无肉,叫人吃什么?"然后大吵大闹,踢翻桌椅,摔破碗碟,引来邻居百姓围观。道人无理取闹,激起众怒,大家一拥而上把道人痛打了一顿。从这时起,"有蚝无肉"就成为一句俗语流传下来,指有名无实,善装门面。

　　南方汉人恨死这些道人,就想办法准备报复。

　　这年中秋节,群众以月饼中夹上纸条秘密通知各户于中秋夜三更一齐行动,杀绝元兵,举行暴动,这就是所谓的"三家养一元,一夜杀完完"。

---

　　① 汉人"养道人":音为"hàn láng 'qǐ dǒ rín'",意为"没有收效的白费气力的付出"。

三人五目，过后无长短脚话[①]

　　翔安俗语说："三人五目，过后无长短脚话。"意思为，交易时双方要讲清楚条件，看清实物，不要事后再争执。

　　据传，古时有个媒人给人做媒，那男人的脚一长一短，那个女的是个独眼龙，经凑合，双方约定相亲前一天，媒人教男方说："明日相亲你要骑着马去。"又教女方说："明日相亲你要站在门帘内。"相亲的这一天，男方女方都穿戴得漂漂亮亮，双方对看时，男方骑在马上，女方未发现其脚短，女方站在门帘内，脸被垂帘遮掩着，男方也没看出她是"独眼龙"。媒人当面对他们俩说："你们双方都要仔细看，三人五目，过后无长短脚话。"相亲后男女双方都很满意，可等到结婚那天，新郎、新娘发现对方的缺陷，都说被媒人骗了，要找媒人算账，可媒人却狡辩说："我当时不是明说三个人五只眼，过后无长短脚话吗，是你们双方合意的，怎么倒怪我？"

　　[①] 三人五目，过后无长短脚话：音为"snā láng ggô vàr, gè ǎo vǒ dňg dé kā wê"，意为"亲眼所见，不可反悔"。

呷饱未①

闽南人，特别是翔安、同安人，碰面第一句话就问人："呷饱未？"显得有些土里土气。然而这一句方言的产生并非偶然，有它源远流长的历史原因。

翔安、同安地处海滨，三面环山，山多田少，土地贫瘠，水利又差，"邑之水，有海为归"，一场雨之后，水都流入大海。洪芳洲公这样描述同安的旱情："民竭力以溉，初或车或戽，既而无水可车可戽，则或淘或挑，或汲或凿，或望雨也，而苗竟槁矣。"历史上，诸多地方官因干旱祈雨。明崇祯天启六年（1626年）和天启七年（1627年）接连发生严重旱灾，"两年之内，唯去春仅有半收，夏秋抗旱，一望皆赤，至今年三月间才下雨，乡村草根树皮食尽，而揭竿为盗者，十室而五，不胜诘问"，"方今谷价腾涌，斗米百线，饥馁载道，死亡横野，目击伤心，焦虑无措"（《清海纪略》）。

这次旱灾饿死的人很多，政府无能为力。福建巡抚熊文灿只好求助于称雄海上的郑芝龙，郑芝龙于是招饥民数万人，每人给银三两，三人给牛一头，用海船载至台湾，开垦荒地为田，以免遭受饿死之苦。明末宦官专政，朝政腐败，东方海防松懈，倭寇乘机入侵，活动猖獗、打家劫舍、烧杀抢掠，民不聊生。嘉靖间的农历除夕，大股倭寇乘官民围炉过

---

① 呷饱未：音为"jiǎ bà vě"，意为"吃饭了吗？"。

年,由晋江浮海偷渡县城南门,城破以后,焚家劫舍,横尸遍野、惨不忍睹,像这样攻破县城有三次(1540年、1561年、1569年),长期频繁的骚扰,弄得鸡犬不宁,政府又强行迁界,所有沿海渔民强迫迁往内地,圩其村庄,金门成为荒岛,人民一直处于颠沛流离状态,生活不安定,加上政府的抽丁拉夫、苛捐杂税,土豪的剥削,人们糊口艰难,即使平常年景也只能啃地瓜根度日,经常处于饥饿状态。人们互相关心,一见面就询问"呷饱未",有无吃食裹肚,有饭吃否,因此相沿成俗。

闽南人移民台湾,把这句问候语带到了台湾。这一句简单的问候语,却沉浸着闽台人民的血泪史。台湾是宝岛、鱼米之乡,然一度被荷兰占领,受尽奴役,处境与大陆人民差不多,因此也沿用"呷饱未"作为问候语。

惊甲入四川①

"惊甲入四川",这是一句形容人极度惊恐的俗语。看似平凡,但它却有久远凝重的来历。晚唐时,政治黑暗,宦官专政,藩镇割据,朋党相争,国库空虚,政府加重赋役,农民处于水深火热之中,纷纷起来造反,这时起义的农民军有浙东的裘甫,桂林的庞勋,河南的王仙芝,山东的黄巢。这些起义军,特别是黄巢部,声势浩大,黄巢自称黄王,号冲天大将军,建立王朝,任命官署,起义军发展至五六十万人,南征北战,进军洛阳和长安。起义军到洛阳、东京将守刘允章率百官迎降,接着占领潼关。僖宗惊慌失措,惶惶不可终日,最后只好率眷及部分僚属逃入四川避难。僖宗逃难四川对群众有深刻的影响,因此用"惊甲入四川"来形容人的惊恐的程度,广泛流传。

---

① 惊甲入四川:音为"gniā gà rĭm sì cuān",意为"形容惊恐到极致"。

章鱼,弟子自己掘的①

古时,琼头村渔民经常提着自己捕捞的海鲜到马巷通利庙东巷(当时设鱼市于东巷)卖,还经常到通利庙(大宫)敬神,祈求神明庇佑多捕鱼虾。通利庙大殿旁供奉着一尊大肚、张开笑口的叶九师公神像。叶九是马巷叶厝人(在今元帅爷宫,现已废村),宫志记载,通利庙之地为叶九所献,算是大檀樾,因此配祀通利庙(主神是大道公)。由于塑像张口大笑,时间一久,老鼠竟钻进塑像肚子里筑窝生息。有一年七月初七神诞,琼头渔民林涂准备了一副三牲还配上自己掘(挖)的一盘章鱼来祭拜,林涂先拜保生大帝,后拜九公。这时老鼠闻到腥味,就爬上嘴口窥探,一见林涂正在叩头跪拜,连忙跳下咬住一条章鱼往叶九公口里拖。因章鱼头小足大,一下子拖不进去,卡在嘴口。林涂听见响动一看,只见叶九公口里含着一条章鱼。此时林涂赶紧再叩头,连声说:"叶九公,章鱼是弟子掘的,请尽量享用,别客气。"叶九公吃章鱼的传说流传至今,现马巷一带群众凡用自己生产的东西招待客人,都会沿用"章鱼,弟子自己掘的"的俚语盛情招呼客人不要客气,尽量享用。

---

① 章鱼,弟子自己掘的:音为"jniū h-ī dê zì gǎ gǐ gùd ê",意为"我自己生产的大路货"。

过时卖日历①

翔安人常把不合时宜的蛮干称为"过时卖日历",这句话有来历。

从前,有一户人家,夫妻俩做糖丸生意,这糖丸犹如炸枣一般大小。每当日暮途穷时,丈夫张三便一早挑上糖丸走村串户吆喝叫卖,所得仅够糊口。妻子见丈夫这么辛苦,每日趁丈夫不注意时,偷偷地从担子中拿起一颗糖丸藏在大米缸里。日复一日,转眼年关已近,张三正愁做了一年生意,没赚多少钱,这年可怎么过。这时,妻子让丈夫打开米缸取出藏在里头的糖丸去卖,夫妻俩过了一个肥年。邻居们知道了,纷纷称赞张三的妻子贤惠、能干。

张三的邻居李四夫妇做的是日历生意,见张三家过着丰盛年,羡慕不已,李四便责怪自己的妻子:"同样是娶老婆,你看人家张三的妻子那么聪明,你怎么就不如人呢!"李四的妻子不服气地说:"这有何难,你等着瞧!"

第二年,两户人家又开始做生意。这时,李四的妻子心想:张三的妻子每日拿一个糖丸藏起来,使得他们过了个好年,我何不也学她每日拿一本日历收起来,等过年时再卖。于是,李四的妻子每日天不亮就趁丈夫不注意,偷偷地拿了

---

① 过时卖日历:音为"gè xí vuě lǎ rìd",意为"时效已过不值钱(过时的白费劲)"。

一本日历藏起来。眼看年关又到了,日历已经卖了,李四一算账,今年不但没多赚钱,反而赔了不少,怎么回事呢,这年岂不更难过了!见李四愁眉苦脸,妻子沾沾自喜,心想这回看我的了,看你还敢不敢再说我不如人。她把收起来的日历拿出来,让丈夫拿去卖。满以为丈夫也会夸自己贤惠、聪明。没想到丈夫一见到这些日历,火冒三丈,难怪今年赔了这么多钱,原来是你作的孽,过了期的日历谁还买呀!

敢给人闹热①

翔安人倡导礼尚往来,凡有嫁娶,亲朋好友都送贺礼,叫"闹热",但又恪守"无功不受禄"的古训——无缘无故在众目睽睽之下得人好处占人便宜会被人嘲笑"敢给人闹热"。

张村的张山娶李厝的李赐之妹李娘为妻,婚后小日子过得还不错,第二年就生了个大胖小子,取名张亮。可是好景不长,婆媳不和影响了小俩口的关系,逐渐发展到"小吵天天有,大吵三六九"。终于有一天,李娘气不过,狠下心,悬梁自尽了。这下可不得了了,李赐邀了一大帮邻居亲朋前来"讨人命"——摔碗砸锅,大吵大闹。从此,亲戚成了冤家,断绝来往。

十几年过去了,张山的儿子准备结婚。俗话说"天顶天公,地下母舅公",外甥结婚请客,母舅要坐"大位",母舅没来,是开不得筵席的。这事让张山着实伤透了脑筋:不请吧,孩子的婚庆如何操办,破了先例会遭戳脊梁骨的;请吧,当年死了老婆还被娘家吵闹羞辱,打砸一通,至今一想就有气,这脸怎么放得下?左思右想,找到一个"万全"的办法,让儿子去放请帖时捎上一句话:"要来,是你贪吃;不来,是

---

① 敢给人闹热:音为"gná hô lǎng lǎo riàd",意为"白受馈赠,不给酬谢还心安理得"。

你'捡僻'①。"心想，如果你肯来，就要蒙受"贪吃"的羞辱；不敢来，就归罪于你"捡僻"不近人情。借此也好向亲朋好友们交代。

　　李赐接到请帖和口信，又喜又急。高兴的是，外甥毕竟是妹妹身上掉下的一块"肉"，终于长大成人了；为难的是，这带来的话着实让人进退维谷。思来想去，最后拿定主意前去贺喜。

　　迎亲这一天，张家张灯结彩，热闹非凡。新娘子早就到了，却不见母舅的踪影。帮着主事的问张山："没有'母舅联'怎么开席啊？到底来不来？"张山手一挥："不来，桌照样开！"过了一会儿，只见李赐提了一份厚礼，大摇大摆地从大门口走来，张山皮笑肉不笑地赶忙迎了上去。李赐百感交集地对着众人说："今天外甥成人，我来讨一口饭吃。"把礼物递给张山："要收，是你贪财；不收，是你惊人来。"

　　帮事的打开礼物：呵！一条高级的毛毯，上面缀满了银元！大家七手八脚地把这联挂到大厅的"大位"上，张罗着开席。这时才发现，不知什么时候，母舅李赐偷偷溜了。

　　帮事的问张山怎么办？要不要让人再去请？张山不假思索地回答："还等什么？有了母舅联，筵席不就可以开了吗？"

　　席间，人们都在私下议论："张山'真敢给人热闹'。"事后，李厝的人们更是这么说。

---

① 捡僻：音"kiò pià"，意为赌气。

吃冬起祖厝①

祖厝就是祠堂,起祖厝就是修建祠堂。

过去,翔安乡间沿袭着一种风俗:每年冬节(冬至)那天,族人的已婚男子要轮流(按结婚先后)备办筵席,在祠堂里宴请所有的已婚男子,叫"做冬",吃宴席就叫做"吃冬"。

宴席间,人们都觉得要不是祖先留下这样的习俗,哪能每年有这样的"口福"。因此,总会有人抬头指着破败得摇摇欲坠的祠堂说:"这祠堂也该修建了。"众人也一定会附着说:"对呀对呀!该修了。"甚至有的还很有正义地说:"我们的祖先那么穷,能建这样的祠堂,我们后人连修理也做不到,多羞耻呀。"这话把所有的"吃冬"人的情绪都调动起来了,个个跃跃欲试,摆出马上要动工翻建的架势。七嘴八舌的提议该怎么装修,要上档次、高规格,才能光宗耀祖,让后人敬仰。

议论虽然很激烈,没有一个不积极建言献策的,但说着说着,宴席结束了,众人把嘴一抹,各自回家了,谁都不再提修建祠堂的事。

等到新的一次"吃冬",这样的闹剧就会再次上演。年复一年,祠堂倒了,"冬"还是照做照吃,"吃冬"的时候,"起

---

① 吃冬起祖厝:音为"jiǎ dāng ki zô cǔ",意为"心血来潮说说而已"。

祖厝"的议论仍在继续。

　　后来，人们干脆把只说不做、言行不一的现象称为"吃冬起祖厝"。

装戆吃狗屎①

同安、翔安人若是看到人家装傻就会戏谑他是"装戆吃狗屎"。装戆即装疯卖傻的意思。

明朝末年,晋江人张瑞图,因替奸臣魏忠贤建造的生祠书写"擎天一柱"字幅,在崇祯皇帝清洗阉党时,被列为"逆案中人"。张瑞图逃到翔安祥路村,躲藏在庄渭阳家中。

官兵打听到消息,知道张瑞图藏匿的地方,包围了庄府。庄家事先派人用竹筒将黑芝麻制作的麻糍放在猪圈附近的草地上。深知逃脱不掉的张瑞图蓬头垢面,疯疯癫癫地喃喃自语,边走边捡草地上的"狗屎"往嘴里送,津津有味地吃。

那从竹筒里挤出的麻糍②,黑黑的,与"黑狗屎"别无二致。官兵们以为张瑞图怕朝廷追捕,早已吓破了胆,成了疯子,抓了也没用,就不去理睬他了。

张瑞图因此逃过一劫,"装戆吃狗屎"的说法也就从此说开了。

---

① 装戆吃狗屎:音为"dnì ggǒng jiǎ gáo sài",意为"装疯卖傻"。
② 麻糍:音为"vǎ jí",即糍粑。

乞丐成了①

翔安流传一句俗语"乞丐成了"，这是什么意思呢？这里有一个引人发笑的故事。

从前有一位乩童跳神前与"营下"（助手）相约：当他在神辇（大桥）上显示"神威"时，手中的宝剑虚晃三下，每数到第三下时才真的往后背砍，这时"营下"要眼明手快将长柄的竹扫帚挡在他背部，以防砍伤。

是日，村民抬辇绕境，这位乩童在神轿上，威风凛凛，紧随神辇后面持竹扫帚的"营下"被路旁"打拳卖膏药的"所迷惑，忘记了"暗数"。当童乩用剑使劲往脊背砍下时，这位"营下"误为是才虚晃了第二下，一时来不及遮挡，乩童背部顿时划了一道伤口，皮开肉绽，血流如注，当场喊叫："这下乞丐成了！"意思是装神被发现，就要失业了。

后来人们遇到意外事故，特别是当自己将失业时，就说这句话。

---

① 乞丐成了：音为"kì jià jniá la"，意为"惨了，坏事了"。

破鼓救月①

翔安的老人会教孩子,天狗吃掉月亮时要敲锣打鼓把天狗吓跑。这说法是怎么来的呢?

现代人都知道日食月星是怎么一回事,古人却完全不知道,以为是被"天狗"吃掉了。

由于太阳光照很强,人们都不敢正面看,如果日食不是很严重,是不容易发觉的。再说,白天忙着干活,哪会注意到太阳怎么啦,以为是被乌云遮了呢!

月食就不一样了。人们对月亮情有独钟,把美和月联在一起,常说"美得像月亮"。况且,月食常出现在农历十五、十六,刚好是月正圆正亮的时候,稍有残缺就会被人发现。

好端端的月亮怎么会变了呢?天晴朗朗的,没有乌云呀!老人会说:"那是天狗以为月亮是'馅饼',咬了一大口,所以月亮就少了一半。"

为了赶跑"天狗",村里的大人、小孩都拿着锣鼓,甚至家里的盆盆罐罐,一切能撞击出声音的东西,猛烈敲打,一边大声喊:"救月啰!救月啰……"

月越小,月光越暗,人们敲打得就越卖力气,喊声也越大。

---

① 破鼓救月:音为"puà gô giù ggè",意为"废物利用,权可应付"。

所有能撞击出声音的器具中,从宫庙拿出来的破大鼓响声最大,"咚咚咚"、"嗵嗵嗵",让人觉得耳膜和心都在颤动。突然,有人发现,月亮不再变小了,反而变大了。都说:"一定是天狗被鼓声吓跑了,月亮回来了……"于是欢快的锣鼓声、撞击声、喊叫声都更高涨了。

一直到月亮恢复原样,人们才纷纷散去,怀着"如释重负"的胜利喜悦各自回家。这就是"破鼓救月"的由来。

恶甲若倭[①]

　　翔安人形容人家穷凶极恶时,会说,你这个人"恶甲若倭",意思是像倭寇一样凶。这还得从明朝的倭患讲起。

　　明代中后期,由于宦官专政,朝政腐败。东南海防松懈,倭寇勾结汉奸乘虚侵入。自英宗正统十四年(1449年)起,倭寇开始进犯我国沿海,此后百余年间,从未间断,其间尤以世宗嘉靖二十七年(1548年)至穆宗隆庆三年(1569年)最为猖獗。据《同安县志》记载,这二十余年,同安的从顺里与翔安的翔风里一带倭患计十次(实际远远超过这个数),平均每两年骚扰一次。其中较大规模的攻城六次,破城焚劫三次(1554年、1561年正月、1569年四月),大嶝、东园、霞浯、珩厝等滨海乡社的人民更是屡遭洗劫。倭寇围攻同安,"焚城外居民数千家,官府传舍悉为灰烬"。

　　嘉靖三十八年(1559年)农历除夕,大股倭寇趁官民围炉过年疏于防备之时,偷袭城关南门,肆意焚劫,一时火光冲天,尸横遍地,惨不忍睹。有一次,倭寇窜犯莲河、霞浯、东园、珩厝、大嶝,许多居民逃到鸿渐山的北半山腰的洞里避难,刚好洞口有家犬突然发出尖锐的吠声被倭寇发现,见有个大洞,知道洞里有人,就放火熏烧,结果洞里一千多名

[①] 恶甲若倭:音为"ôr gà nā ê",意为"形容凶残之极"。

避难群众尽被熏死，竟无一人逃生，为纪念这次劫难，这个洞被称为"千人洞"。

　　倭寇之暴行，当然也激起官民的同仇敌忾、奋起抗争。因倭寇穷凶极恶，群众心中迄今尚有余悸，因此说人家凶恶之极常常以倭寇作比喻。

报伯卖茶,不爱闹热①

翔安人形容人家做实事不张扬,重实干不搞花架子时,喜欢说:"你这人真的是'报伯卖茶,不爱闹热'。"这歇后语是怎么来的呢?

但凡做买卖的人都盼望人气旺盛,祈求生意兴隆。报伯却相反,茶馆开在偏僻的深巷里,图的是清静。这自有一番道理,真正品茶的人,讲究的是韵味,不是解渴。没有僻静的环境,哪有清心的情趣?

报伯卖茶,茶杯只有三只,客人只能一位一位的接待,迟来的在门口候着。"茶好不怕巷子深",到报伯茶馆沏茶的人,昼夜络绎不绝。不明就里的道外人以为报伯孤僻、高傲,都嘲笑他赚到钱了才不爱热闹。其实,报伯卖茶讲究的是货真价实、品牌意识、服务到位。

报伯只卖茶水,不卖茶叶。因为所用的茶是亲自到安溪挑选的,片片都是精品,数量很少,让门外汉乱泡岂不糟蹋了。茶具也很讲究,茶壶和杯子都是正宗的江苏宜兴的紫砂陶"孟臣罐",烧水用的是半陶半瓷的"急烧罐",要用甘蔗渣烧,水才会甘甜。除了茶叶之外,水也是关键,历来有井水为下,溪水为中,泉水为上之说,报伯用的水更上乘,是

---

① 报伯卖茶,不爱闹热:音为"bò bê vuě dê ,m̌ ài lǎo riàd",意为"办实事不张扬"。

儿子从十几里外挑的高山崖缝渗出的山泉。

报伯为顾客服务,尽心尽责,无可挑剔。沏茶时,茶具要用开水冲烫三遍,再放茶入壶,冲水加盖后,马上把水沥出,因为第一遍是"脚俗"①,第二遍才是茶水。冲第二遍时,加盖后还要淋上开水,增加热量。倒出茶水时也讲究技巧,三只杯子轮流往返注入,这叫"关公巡城",最后还要一滴一滴地滴入三只杯中,这叫"韩信点兵"。客人喝茶时,报伯就在旁边候着,保证"急烧罐"的水是滚沸的,随时可以加水。

到报伯茶馆喝茶,简直是一种享受,正如茶壶盖刻的五字回文:"可以清心也、以清心也可、清心也可以、心也可以清、也可以清心。"

难怪,"报伯卖茶,不爱闹热",却很有名气,远近茶客纷纷慕名而来。

---

① 脚俗(kā xiò):脚汗。制茶时用脚踩,所以脚汗会粘连在茶叶上。

皮鞋标仔，存天良①

在翔安区老人中流传着一句口头禅"皮鞋标仔存天良"，意思是为人要诚实，处事要公平，经营要守信，待人要真心。

在马巷后街路有一间"标记"皮鞋作坊，专门为人订制皮鞋。要买皮鞋上大街，皮鞋店有的是，各式各样任你挑，价钱也一般，还可以砍价。可是许多内行的顾客不到大街上买，偏偏到皮鞋标仔那里去定制。

皮鞋标的皮鞋价钱贵，又不能现买现穿，为什么顾客不怕"宰"，都心甘情愿买他的鞋呢？因为标记皮鞋质量好，做工精细，既美观又耐穿，一双可以顶上街上买的两三双。

皮鞋标仔视顾客为"衣食父母"、为"上帝"，他的经营之道是"赚钱有数，字号要顾"。心想人家买双皮鞋不容易，有的一辈子才买一次，做人要"存天良"，将心比心，让顾客买得放心，穿得称心，金杯银杯比不上众人的口碑。

"标记"皮鞋选料精细，用的是北方牛皮，又厚又韧，耐磨耐踢；做工精致，鞋帮和鞋底都是用三股麻线一针一针缝的，穿再久都不会脱开，每双鞋都选用同一片皮，质地相同，都不容易折皱或变形。

---

① 皮鞋标仔，存天良：音为"pě wê piāo a zǔn tiān lióng"，意为"做事要真诚相待不要奸"。

标仔做皮鞋"存天良",还表现在"以人为本"的人情味上,处处为顾客着想。为成人做鞋,讲究合脚;给小孩做鞋,要稍大一点,长大一点还可以穿;给老人做鞋,要平底的,齐沿的,穿了才安全。人的两只脚并不一样大,一般要把右脚穿的鞋稍做大一点,左撇子的则把左脚的那一只做大一些。

人们到皮鞋标的那儿定制皮鞋,不用放定金,有人替他担心:要是顾客不合意,不买了怎么办?标仔说,还没有遇见过这样的问题,即使你不买,人家争着要呢,你不合意,我再重新做。有人开玩笑说:"要是有人订了货又后悔或什么原因不来买了,怎么办?"标仔说:"不会,做人都要存天良的。"久而久之"皮鞋标仔,存天良"就成为口头禅。

猴该,自己讲自己和①

自己讲自己和,就是自问自答、自言自语的意思。猴该的"自己讲自己和"还有新的意思:一厢情愿的自以为是、自圆其说、自吹自擂、自行其是……

猴该是民国初期的大嶝人,从小爱动口不动手,长到十六七岁了还什么活都不会干。海岛上的人不会划船不会讨海,就没有活路,父母很着急,替他算了个命,算命先生说:"此人靠嘴趁吃②。"什么工作单凭三寸不烂之舌呢,当教书先生,可该仔自小不读书,目不识丁呀!做乞丐,也是靠嘴谋生的,这可怎么办呢?

一天,村里来了个打拳卖膏药走江湖的人,就是靠能说会道,卖了很多药。于是,父母让该仔跟着学卖药的营生。

不久,该仔就把招徕顾客的工夫学到手,成了打拳卖膏药队伍的主角。一阵锣鼓过后,该仔光着膀子赤膊上阵,合抱双手向围观的观众作揖,亮开嗓门:"小弟外地人,讲话无相同,今日借贵方一块宝地,表演武术节目。不才脚手'含慢'(笨拙),只是助兴献丑,贵方乃藏龙卧虎之地,请高人不吝赐教……"说得听众美滋滋的。见人来得越来越多,该仔兴致更高了:"喂,那个小朋友在问:今日要放蛇不?"他提出

---

① 猴该,自己讲自己和:音为"gǎo gāi,gǎ gǐ gòng gǎ gǐ hě",意为"自言自语,自圆其说"。
② 趁(tàn):赚钱。

一只铁丝笼子,笼里确实也有两条小蛇:"嘿,您别说这蛇小,可都是大毒蛇,你看这条是'饭匙枪',这条是'簸箕甲'。"看惯了打拳卖膏药的人都知道,开始卖蛇药了,人墙开始松动。见人们要走,该仔赶快耍起大刀,耍起棍棒,刚要散去的人又聚拢来。该仔见机伪装棍棒失手打到腰,但挺着手,手拍胸脯说:"没有金钢钻,不敢揽瓷器活。我们耍刀弄枪的人,有祖传的秘方,专治风伤,不管摔伤、跌伤、刀伤,也不管脚风、手风、腰骨酸软风,药到病除……嘿,那位大哥问,这药有卖吗?治病救人胜造七级浮屠,送给你一点也无妨。嘿,那位大嫂在问,这药膏很贵吗?说钱就见笑了,随你送点脚皮钱就行了。这药一服十元——不卖,五元——不卖,不讲价、不二价,四元一服!今日只卖四服,东西南北,交个四方朋友,要卖的准备好钱……"

转眼到了解放,该仔结束了流浪生活,回到大嶝,因为长得瘦,都叫他"猴该"又因为他对"打拳卖膏药"的套路自问自答很精道,所以"自己讲自己和"成为他的"品牌"。

第二报的无草鞋礼[1]

翔安俗语说"第二报的无草鞋礼",指孤陋寡闻又夸夸其谈,自以为消息灵通的人惹人厌烦。

古代没有通讯设备,传递消息很困难。赴京赶考考中了,家里人都不知道,等到回家,那是几个月以后的事了。

有一种职业,专门替人传递消息,那就是"报子"。各地都设有驿站,消息就由报子骑马或步行披星戴月一站传一站,传到家的。资费当然很是不少,最便宜的是徒步送的,加急的就贵多了,是骑快马送的。

每当报子把消息送到家的时候,为了答谢报子一路奔波劳累,也因得到好消息高兴,除了热情招待报子之外,还得给报子一些银两,那银两就叫"草鞋礼"。

在报子送来消息之后,再来告知同样的消息,那就叫"第二报",已经失去消息的意义了,一点儿也不新鲜,因而不能领犒赏。重复有人来报,反而厌烦。这就是"第二报的无草鞋礼"的由来。

---

[1] 第二报的无草鞋礼:音为"dē ryǐ bǒ ê vǒ cáo wê lê",意为"拾人牙慧讨人嫌"。

有装有走挃[①]

装，就是打扮；挃，就是不一样。"有装有走挃"（音"抓"），本意为缺乏自知之明，盲目乐观，自我陶醉。转义为经过加工打扮装修，景况焕然一新，变化很大。

有位老阿婆很爱看戏，十里八乡的有戏必到。人虽老，还很风流，人们都说她："老不认老，毛蓑（刘海）留尾后。"每次看戏，她都打扮得花枝招展，花里花俏的。

一次，看戏的人看见这位老太婆，装扮得实在太夸张了，稀疏得剩下没几根的白头发，纠到脑后扎了个小小的发髻，可上面却压着一朵足有半斤重的"虎爪"菊花，布满深深皱纹的脸上涂了一层厚厚的白水粉，像是地上的一坨牛屎，上面结满了霜，又像一面反光镜，很是耀眼。支撑着的脖子没有上粉，黑黑的，像烟囱，形成强烈的反差。因为看戏的人都很挤，天又热，冒出的满头大汗顺着脸上的皱纹沟流下来，把白粉冲走了，脸上留下无规则的弯弯曲曲的黑痕，像是盖满大雪的山坡，千沟万壑化雪了那样。

这位奇特打扮的老太太，其尊容着实比戏台上演的戏耐看，所以看戏的人都不约而同地脖子往这边扭，仔细端详

---

① 有装有走挃：音为"wǔ zīng wǔ zāo zuà"，意为"经打扮装饰，面目显然大不相同"。

着这位"活宝"的"洋相"。老阿婆知道人们都在看她,心里美滋滋的,很是得意,对同伴说:"你们看,我有装有走挕,大家老戏不看要看我。"

后许秀伯，烦恼不尽[1]

古时候，翔安马巷后许村有个人称"秀伯"的富人，虽然家财万贯，日子却过得很不自在，整天眉毛打结、忧头苦脸。

他有很多钱，存在钱庄里，怕时局变化，人家不认账；埋在地下，怕受潮生锈；吊在屋梁上，怕横梁挂断，把顶梁柱压弯，又怕绳子断；借给人家，怕人家忘记，讨不回……还怕贼人偷。

他生了四个儿子、四个女儿，每生一个儿子，就烦恼长得不健康，不会读书，找不到活干，成年后娶不到老婆，儿媳妇生不了男丁，无后；每生一个女儿，就烦恼长得不漂亮，不会做针线活，脚太长，找不到婆家嫁不出去，嫁了以后婆媳不和……

他把现有的积蓄和孩子每年花费量进行推算，一直算至第八代，势必家贫如洗，甚至会流落街头乞讨，受人白眼，忍饥挨冻，到那时真不堪设想……

如今，如果有人烦恼太多，人们就会说他是"后许秀伯——烦恼不尽"。

---

[1] 后许秀伯，烦恼不尽：音为"ǎo kô xiù bê, huǎn lô bùd jǐn"，意为"杞人忧天，瞎操心"。

臭酸姆仔，假不爱①

翔安人看到虚情假意的人，总会说："臭酸姆仔，假不爱。"这是什么意思呢，臭酸姆仔又是何人呢？

臭酸姆仔不是老年妇女，是一位三十多岁了还待嫁闺中的"老处女"，"臭酸"是说她爱美又懒惰。她热衷于打扮，头发不是抹茶油就是涂香蜡，总是梳得油光发亮，但从不洗头，头皮屑积得厚厚的；那张脸总是画眉毛点胭脂又抹香粉，可是不爱洗脸，腮帮耳后像长了苔藓；身上总是洒着香水，衣服一日换三色，可是越"装"（打扮）越"失德"，从来不洗澡，身上有膻味，浑身发出一种袭人的怪味，半老徐娘还没有嫁人，所以人们给她取了个绰号——臭酸姆仔。

臭酸姆仔嫁不出去，说她不想嫁人太冤枉。她十二三岁就开始对着镜子发呆，就如俗话所说："痟（发情）狗吠，痟猫吼，痟查某手托嘴下斗"。她的习惯动作就是双手托着下巴发痴，想入非非。说没人看上她也不符合实际。她十六七岁时就有人来说媒了，媒婆们都快把她家门槛踩烂了。只因为她"痟痟（心仪）假封建（不好意思）"，明明求之不得，却虚情假意地推三托四，求亲的人只好都无功而返。

十八九岁时，母亲对她说："该找婆家了。"她说："娘，我

---

① 臭酸姆仔，假不爱：音为"cào sng ḿ a, gè ḿ ài"，意为"假惺惺，口是心非，表里不一"。

还小呢,要多清心几年。"话这么说,可心里早就"春心萌动"了。二十三四岁时,母亲唠叨:"胡葩草菜一个时,不要再等了。"她却说:"有压壁角焦埔,无压壁角查某①,你怕什么。"嘴虽这么说,心却像猫爪抓一样,挠得难受。二十七八岁时,母亲更急了:"都快成老姑婆了,要是'猪哥牙'长了出来,谁还肯要啊!"她苦笑着顶撞:"哪有这样说女儿的,去拍卖啊!"当面装着若无其事,背地里却常抚摸着身体发愁、落泪。上了三十岁,年岁一直往前奔,再没有人上门来说亲,尽管母亲央三拜四,仍然门可罗雀。

真是应了那句老话:"四轿抬不行,罩帕仔跟人跑。"终于有一天,人们发现,臭酸姆仔的肚皮渐渐鼓了起来,风中常飘着闲言碎语,有的在背后戳脊梁骨:"听说打过几次胎了!"其实,臭酸姆仔也不知道肚子里的"肉"是哪个"冤家"的"种"。最后,只好嫁了一个死了老婆的汉子当填房。

那些吃不到"酸葡萄"的男人们幸灾乐祸地嘲笑:"臭酸姆仔假不爱。"乡间邻里也引用这典故说那些"口是心非"、"表里不一"虚伪的人。

---

① 焦埔(dā bô):男人。查某(zā vô):女人。

吞姆仔,"交代咧"①

吞姆仔的丈夫早死,儿子结婚后另立门户,吞姆仔只好一个人过。

吞姆仔整天将"交代咧"挂在嘴边,动不动就差人做事,媳妇就是受不了才搬出去的。她家就在村口,有人从门口经过,她总是寻思着"交代"什么。人家下地,她就追上去说:"给我交代咧,收工的时候帮我拔一棵槟榔芋回来。"有人上香求神,她也赶快拿出三支香说:"给我交代咧,顺便帮我求佛公保佑。"有人上街故意问她:"吞姆仔,要不要交代吃点心?"也真有交代的:"给我交代咧,这地瓜粉帮我卖了,再买三两蚵。"怕她"交代"的人,都不敢从她门口经过。

更让人啼笑皆非的是,那天,邻居三叔公从医院抬回来,路过她家门口,吞姆仔得知老人病危。于是,她也跟上去,可不是去探望的,还是老本行——去交代的。三叔公刚躺好,半闭着眼睛,吞姆仔赶快凑上前去,说:"给我交代咧,你若去阴间地府,见到吞仔,你就跟他说,兴仔歹仔,不养我。我一年一年老,地里的活干不了,你死去时还那么少年,有气有力,要帮帮我,不要整天只顾游玩……"

第二天,三叔公真的死了。吞姆仔听到哭声,突然想起

---

① 吞姆仔,"交代咧":音为"tùn ḿ a,gāo dǎi lê",意为"央托他人带话或办事"。

话还没有交代完，又急匆匆地找上门。三叔公的遗体就躺在厅堂边，满屋子的人都号啕大哭着。吞姆仔挤到三叔公跟前，说："昨天没交代完，你再听我交代咧，吞仔是肺痨死的，这包药散你带去给他，要是病好了，叫他要赶快回来，免得我日夜挂念……"边说边掏出一包东西往寿衣口袋里塞。

就这样，吞姆仔"交代"出了名，逢人就交代，见活人交代，连见死人也交代。"交代"也成了村里人讨厌忌讳的话，害得乡间邻里不敢轻易托人带话，差人做事，找人帮忙。

时至今日，人们不得已托人代劳时，总是觉得很为难，很不好意思，都要带着歉意先声明："吞姆仔，给我交代咧……"

有杯也要你，无杯也要你①

村里的大帝公宫敬奉的是神医吴夲的化身，因此香火鼎盛。求神的人都要带些饼干糖果之类的"顺合"供品。大部分善男信女求完神就把供品带走，也常有人把供品留着。

村里有个好吃懒做的人叫猫秋，天天躺在大殿的砂石上，等着收拾香客留下的供品。每次拿供品之前，他都要征得佛公的同意，取出杯筊来，在香案前虔诚地念念有词："弟子猫秋，因胃病，吃大帝饼干止痛，请准。"接着把杯筊掷在地上。掷到"有杯"，才把供品拿走。

一天，宫里没留下供品，猫秋正在扫兴之时，进来一名信女，摆上香蕉、梨子、馅饼、花生糖，馋死人了。猫秋怕香客等会儿把供品带回去，就来个先下手为强，抢过杯筊，念念有词："弟子猫秋，因胃痛难忍，乞一包馅饼止痛，允准请一杯。"掷下去，两杯都是"阳"杯，叫"笑杯"，再掷一杯，两杯都是"阴杯"，也是"笑杯"。掷了好久，才掷一次"有杯"②。正当他伸手要去拿馅饼时，那信女说："哪能一杯就许准的，谁都知道，要连续三杯才算数的。"猫秋原先担心的是那信女不让拿她的供品，现在只要三杯就可以，好办！于是又掷

---

① 有杯也要你，无杯也要你：音为"wǔ buē a vè l-ì, vǒ buē a vè l-ì"，意为"不由分说，要定了"。

② 杯：音"buěi"，占卜用具，用蚌壳、竹片或木片制成，也叫杯珓。杯一副两只，各有阴阳两面，一阴一阳为"有杯"，两阴或两阳为"无杯"。

了一下杯,可这次又是"笑杯"了。好久好久,就是没出现过连续三次"有杯"的。眼看那信女烧完纸钱,合掌一拜,伸手要把供品收回篮里。急不可耐的猫秋顾不得再掷杯了,眼疾手快地抢过馅饼,说:"有杯也要你,无杯也要你。"

六月生疗皇帝命，七月生疗倒定定①

　　每每夏季，常会有人生一种皮肤病叫"疗"，过去生的人多，现在仍然偶尔有人染上。"疗"是一种胀包，开始时只觉得身上的肌肉有坚硬而根深的肿块，红红的像透过玻璃的灯光，肿块长得很快，一下子就变成小小的红灯笼，灼热的疼痛真让人受不了。不及时涂药治疗，很快就会"大疗"生"小疗"，扩散开去。这"疗"千万破不得，要是不小心弄破了，血水直淌，让你痛得恨不得往地里钻，还有生命危险。有人就是生疗丧命的。

　　农历六月是一年中农事最繁忙的季节，差不多每块地都要收获和下种。庄稼人如果这时身上长了疗，不能活动，没办法下地干活，只好在家里闲着，既不必烈日暴晒、风吹雨淋，又不用出力挨饿，岂不像皇帝那样优哉游哉？到了七月就不同了，这时农忙已经结束，又逢"鬼"月，几乎每天都有乡里做"普渡"，宴请亲朋好友。一旦身上生了疗，就不能去做客，当然只好"倒定定"，眼巴巴地看着人家有说有笑的走亲戚打牙祭去。

---

　　① 六月生疗皇帝命，七月生疗倒定定：音为"làr ggĕ xnī dīng hŏng dê miă qìd ggĕ xnī dīng dó dniă dniă"，意为"六月正农忙，生了疗疮可免下地干农活，七月村村过普渡，生了疗疮的人不能到亲朋家享美食"。

冬头笊篱扣水缸，冬尾袋仔掩脚仓①

旧时，祖祖辈辈耕田的老百姓生活很贫穷，粮食不够吃，日子过得紧巴巴的，要是不精打细算，经常青黄不接，如果"有做虎站，无做虎抵颔"准会陷入"月头社会主义，月尾过渡时期"，"柴空米粮尽"的困窘境地。

旧时乡下人很少吃到干饭，只有在做祭、佛生日或有稀罕的客人来才煮一次干饭。当时煮的干饭很少像现在一次煮到干的（煮到干的煮法叫焖饭），大都是煮到米心刚透时，就赶快用笊篱捞起，放在钵里，用饭巾盖住保温。这样的"捞饭"也不是全家人都有得吃的，女人吃的是米汤放些地瓜或地瓜丝煮的东西。有时也把米汤倒在桶里，留着洗衣服、浆衣服用。

各乡各里总有一些人家"冬头不俭，冬尾杂念"的。粮食登场以后，除了交租、"纳钱粮"（交农业税）外，多少还剩下一些，于是就大手大脚一日三餐都煮干饭，那捞饭的笊篱就一直扣在水缸上晾干。可是"好景不长"，还没到"冬尾"，米缸见底，米吃完了。"枵鸡无惜箠，枵人无惜面皮"，只好厚着脸皮向邻居借米下锅，拿着米袋走东家进西家。路上

---

① 冬头笊篱扣水缸，冬尾袋仔掩脚仓：音为"dāng táo zunā li kàm zuī gīng, dāng vè dě a yàm kā cīng"，意为"谷物刚收获时天天吃干饭，青黄不接时到处向人借粮"。

怕人家笑又借米了，就把袋子掖在屁股后。

于是就有了耻笑这种人家的顺口溜"冬头笰篱扣水缸，冬尾袋仔掩脚仓"①。

---

① 冬头（dāng táo）：指五谷刚收获的时候。冬尾：指庄稼还没成熟的季节。

举饭匙抵猫①

从前,两户相邻而居的人家长期和睦相处,东西也借来借去。

一天,东家的狗咬死了西家的猫。西家很生气,认为猫死了,没有猫看家,老鼠就会兴风作浪,损失就大了,于是向东家索赔,说:"我损失了何止一只猫,是家里被老鼠吃掉的粮食和被咬坏的衣箱。"东家也很生气,说:"狗是畜牲不懂事,你这人怎么和狗一样不讲理。"于是两家就争吵起来。

吵到最后,请来村里的"老大"做"公亲"。西家说:"黑猫白肚,值钱二万五,你得赔钱二万五。"东家想,前几天他向我借的饭匙丢了还没还呢,就说:"你弄丢了我家饭匙,饭匙两个目,值钱二万六,你得赔我二万六。"

老大劝了半天,"公亲"也没做成,因为这"举饭匙抵猫"的账怎么能算得清呢?②

---

① 举饭匙抵猫:音为"giǎ bng xí dū niāo",意为"以廉价的东西抵销贵重的,随便应付的无赖顶撞"。

② 举:音"giǎ",拿。饭匙,铲饭入碗的木片,把手有孔。抵:音"dū",抵账。

后　记

　　文化是多元的、广博的，难以准确衡量斤两。翔安的历史文化积淀了上千年，以这样的文字来触摸，难以周全，我们尽力把这些掌故罗列出来，权当是一种简单的薪火相传。希望能够得到地方名儒的指正。本书收录了"逸事撷英""小村故事""瑰丽传说""风物猎奇""乡音乡情"五篇，事无大小，略摘一二。全书基于翔安历史文化，荟萃名人逸事、乡里传闻，乃至滴水片石、凡人琐碎，希望帮助读者领略翔安这方土地独特的魅力，更重要的是让我们的下一代能够了解翔安悠久的历史及蕴藉深厚的文化内涵。

　　本书内容不如史书典籍那样真实准确，部分内容缥缈神奇，极具浪漫色彩。我们力求融真实性、趣味性、传奇性、知识性于一炉，让更多的读者感受民间文化的原始魅力。

　　本书编撰过程中得到翔安文史界老前辈的热情指导，在此表示衷心的感谢。特别感谢蒋大营、洪树勋等老先生，他们不惜提供力作并多次亲临指教，使本书增色不少。丛书前期筹备中，得到纪清渊、李泉林、李正南同志的支持，一并致谢。由于水平有限，难免出现遗漏，请诸方家赐教。

编委会
2013年8月

图书在版编目(CIP)数据

翔安掌故/洪水乾主编 翔安区文体广电出版旅游局编.
—厦门:厦门大学出版社,2013.10
(香山文化丛书)
ISBN 978-7-5615-4329-0

Ⅰ.①翔… Ⅱ.①洪…②翔… Ⅲ.①区(城市)-地方史-掌故-厦门市 Ⅳ.①K295.73

中国版本图书馆 CIP 数据核字(2013)第 235175 号

厦门大学出版社出版发行

(地址:厦门市软件园二期望海路 39 号 邮编:361008)
http://www.xmupress.com
xmup @ xmupress.com

厦门集大印刷厂印刷

2013 年 10 月第 1 版 2013 年 10 月第 1 次印刷
开本:787×1092 1/16 印张:15.5 插页:2
字数:180 千字 印数:1~3 000 册
定价:32.00 元

本书如有印装质量问题请寄承印厂调换